致知出版社

新将命
Atarashi Masami

LEADERSHIP

新将命の社長の教科書

徳のある社長になるための方程式

まえがき

気の遠くなるほど長い間、経営の現場で冷や汗と脂汗を流しながら働いてきた結果、分かったことがある。

伸びる企業、成長する企業と、ダメな会社、倒産する企業を分ける最大の原因は、「社長の品質」に尽きる、という一点である。社長の品質の高い企業は長寿企業となり、低い企業は短命企業で終わるということだ。良かれ悪しかれ企業の運命は、どんなに控えめに言っても社長一人の品質で80％以上は決まってしまう、という「発見」である。

高品質の社長とは如何《いか》なる人か？　ザックリ言うと、〝才と徳〟の人である。経営能力に長けていて、仕事を上手に切り回すことができる〝才〟はもとより必須条件だが、加えて人格、人徳、人間性に秀でていて人から信頼され尊敬されるという〝徳〟を兼ね備えた人である。「人は勘定と感情で動く」という俚諺《りげん》がある。〝あの人の下で働いていると勉強になる〟〝実力がつく〟し、〝昇進もして月給も上がるだろう〟という勘定が成立すると、部下はとりあえず付いてくる。一方、〝あの人は人間として信頼できるし、その上尊敬もできる、あの人といっしょに仕事をしていると自分のヤル気が高まる〟という感情を持った部下は心から納得して後に付いてくる。

勘定は才でまかなえるが、感情は徳のなせる業である。社長にとって、才と徳の相対的重要性は、才の1に対して徳は4である。才という仕事力よりも、徳という人間力のほうが4倍も重要だということである。自分に才が足りない場合は、才に優れた部下を用いて補えばいい。才は補完が可能である。徳は本人固有の資質であり、代替不可能である。

大なり小なり一国一城の主たる社長に求められる徳とは、換言すれば人間力である。社員は、一定の才もあるが、徳に秀でた、人間力の高い社長に魅せられた結果、〝あの人のためなら〟〝あの人が言うなら〟という感情を抱くようになる。

人間力を因数分解すると、そこには、LEADERSHIP（リーダーシップ）というキーワードが浮かび上がってくる。各文字はそれぞれ2つの意味を持っている。

L＝LEADERSHIP（リーダーシップ）

　LIBERAL ARTS（教養）

E＝EDUCATION（教育・人財育成）

　EXPLANATION（説明能力）

A＝AMBITION（志・野心）

　ACTION（行動力）

D＝DELEGATION（権限委譲）

　DECISION（決断力）

E＝ETHICS（倫理観）

　ENTREPRENEURSHIP（起業家精神）

R＝RESPONSIBILITY（自責）

　RESPECT（尊敬）

S＝SELF-DEVELOPMENT（自己啓発）

　SELF-SACRIFICE（自己犠牲）

H＝HUMAN　POWER（人間力）

　HEALTH（健康）

I＝INTEGRITY（高潔）

INNOVATION（改革）

P＝PASSION（情熱）

POPULARITY（人望）

キーワードの頭文字は見事（?）にLEADERSHIPとなっている。至極真面目な言葉遊びである。

一般的な法則に当てはめて物事を考える方法を演繹《えんえき》法と呼ぶ。逆に、経験から共通要素を見いだしてひとつの法則を導き出すアプローチを帰納《きのう》法という。

LEADERSHIPという言葉で説いた私の人間力論は、50年以上のビジネス経験の中から導き出した帰納法の所産である。厳密に言うと帰納と演繹の摺り合わせの産物である。

「人間力」などという、我ながらおこがましいと認めざるを得ない、大それた命題に私があえて取り組んだ際の最大の師は3つある。長い間のいくつもの失敗を含んだ経験と、その間に謦咳《けいがい》に接した数多くの優れた経営者の方々及び、心の師と仰ぐ座右の書である。

「いつの時代でも、仕事にも人生にも真剣に取り組んでいる人はいる。そういう人たちの心の糧になる雑誌を創ろう」。これは、経営者やリーダーにひたすら「人間力」を説く、日本唯一の人間学の雑誌『致知《ちち》』の創刊理念である。本書が、経営や人生に真剣に取り組んでいるあなたにとって、少しでもお役に立てば望外の喜びである。

一読（できれば二読、再読）の上、なるほど！と納得のいく点があったら、是非実行に移していただきたい。まず参考に、それから実行に、更には続行に、の3コウをお勧めしたい。

目次

第1章 リーダーシップ・教養

LEADERSHIP／リーダーシップ▼リーダーとはリーダーを創る人である
LEBERAL ARTS／教養▼教養とは鍋料理の最後のスープである

第2章　教育と人財育成・説明能力

第3章 志・行動力

AMBITION／志▼夢なき人に成功なし
ACTION／行動力▼行動は成功を約束しないが、行動がなければ成功はない

第4章

権限委譲・決断力

DELEGATION／権限委譲▼人を育てるのに最も効果的な方法は任せることである
DECISION／決断力▼トップは衆議独裁者であれ

第5章 倫理観・起業家精神

ETHICS／倫理観▼真のコンプライアンスは「法徳遵守」である
ENTREPRENEURSHIP／起業家精神▼将来の成功を妨げる最大の敵は過去の成功である

第6章 自責・尊敬

RESPONSIBILITY／**自責**▼問題は自分のもの、解決も自分のもの
RESPECT／**尊敬**▼人徳とは信頼と尊敬の合計値である

第7章 自己啓発・自己犠牲

第8章 人間力・健康

HUMAN POWER／人間力▼To Do Goodの前にTo Be Goodであれ

HEALTH／健康▼会社も人も年に一度は健康診断を

第9章
改革・高潔

INNOVATION／**改革**▼馬車を10台つなげても列車にはならない
INTEGRITY／**高潔**▼高潔は高業績を生む

第10章 情熱・人望

PASSION／情熱▼社長の情熱は企業成功への1丁目1番地

POPULARITY／人望▼徳は得を生む

装幀――秦 浩司（hatagram）
編集協力――柏木孝之
本文ＤＴＰ――廣瀬梨江

第1章

リーダーシップ 教養

▶リーダーとはリーダーを創る人である
▶教養とは鍋料理の最後のスープである

LEADERSHIP

LEADERSHIP／リーダーシップ
LEBERAL ARTS／教養

LEADERSHIP（リーダーシップ）

リーダーシップとは仕事力が20％、人間力が80％

まえがきでも述べたとおり、ロシアには「魚は頭から腐る」ということわざがある。水源が濁って下流の水が透きとおることはない。企業という川の源流は社長であり、その企業の「水質」は社長の「人質」で決まる。川がやがて大河となるか、途中で水無し川となるかも社長次第である。

企業の中にはリーダーという立場にある人が何人かいる必要がある。だが、いかなる企業であろうと、間違いなく社長はリーダーの中のリーダーでなければならない。まず「隗《かい》より始めよ」である。当たり前すぎる話だが、リーダーにはleadership（リーダーシップ）が求められる。

それは一部署のリーダーであっても、会社全体のトップリーダーの立場にある社長であっても同じことだ。では、リーダーシップとは何か。日本では、20年以上前までは、リーダーシップとは「背中で部下を引っ張っていく」というリーダー像で語る人が多かった。「俺の目を見ろ。何にも言うな。黙って俺についてこい！」という親分的、体育会的なリーダー像である。

近頃では、部下の話をよく聞く、面倒見のよいリーダーに人気が集まっているようだ。サーバント・リーダーシップという考え方すらある。

そもそもLeader（リーダー）とは、Lead（リード・導く）という意味だ。人をリードするためには、リードされる人がいなくてはならない。

リードする人がリーダーである以上、人が納得して、主体的、積極的に、「この人のためなら」と喜んでついてくる人即ちフォロワー（追随者）の存在が不可欠である。フォロワーなしのリーダーはあり得ない。権力の座に就いている間は、声をかければ大勢の人がついてきたが、勢いを失うように従いひとり減り、ふたり減り、ついに〝そして誰もいなくなった〟というアガサ・クリスティの小説の題のような人ではリーダーの条件を満たしているとは言えない。また、上司と部下という指示命令関係だけで、部下がついてきているだけのリーダーも、リーダーシップの大事な部分が欠落している。

人を鼓舞して望ましい方向へと導く力

本物のリーダーと言える人は、部下が地位や立場、更には利害得失や打算を超えて「あの人が言うのだから」「あの人のためなら」と心から信頼し、喜んでついていくことができる人である。これがリーダーシップの肝だ。つまり、リーダーシップの主たる構成要件は人間力にある。そして人間力を高めるには、その本質にある「人間とは何か」を深く実践的に学ばなければならない。

人間力は、リーダーシップにとって必要条件ではあるが十分条件ではない。人間力だけでは本物のリーダーにはなり得ない、人がいくら喜んでついてきているとしても、リードすべき方向が間違っていれば自分のみならず、社員を不幸に導いてしまう。

リーダーにとっての究極的使命は、顧客と社員を含むすべてのステークホルダーの幸福の実現である。そのためには人を正しく望ましい方向に導く必要がある。したがって社長には仕事力（スキル）に加えて人間力（マインド）が必要なのだ。仕事力に人間力が加わったときに、リーダーシップの十分条件が成立したと言える。

では、仕事力と人間力ではどちらがより重要か。

社長は、それが正しい道ならば、社員に急な坂道を上らせることもあるし、雨の中でも次の目的地まで休まずに歩かせることもある。こういうしんどい場面でも、みんなを引っ張っていける力とは仕事力ではない。人間力だ。したがって私は、リーダーシップとは仕事力（スキル）が20％で人間力（マインド）が80％であると考えている。これは親分タイプのリーダーであれ、面倒見のよい兄貴タイプのリーダーであろうと同じことである。

LEADERSHIP

人間は「デキル人」「デキタ人」「デキルデキタ人」「デキズデキナイ人」の4つに分かれる

次ページのマトリックスは私のオリジナルである。

「大人《たいじん》」「才人」「竪子《じゅし》」「愚者」

人は大きくこの4つのタイプに分けられ、いずれかのタイプに当てはまる。

図表●才人、豎子、大人、愚者のマトリックス

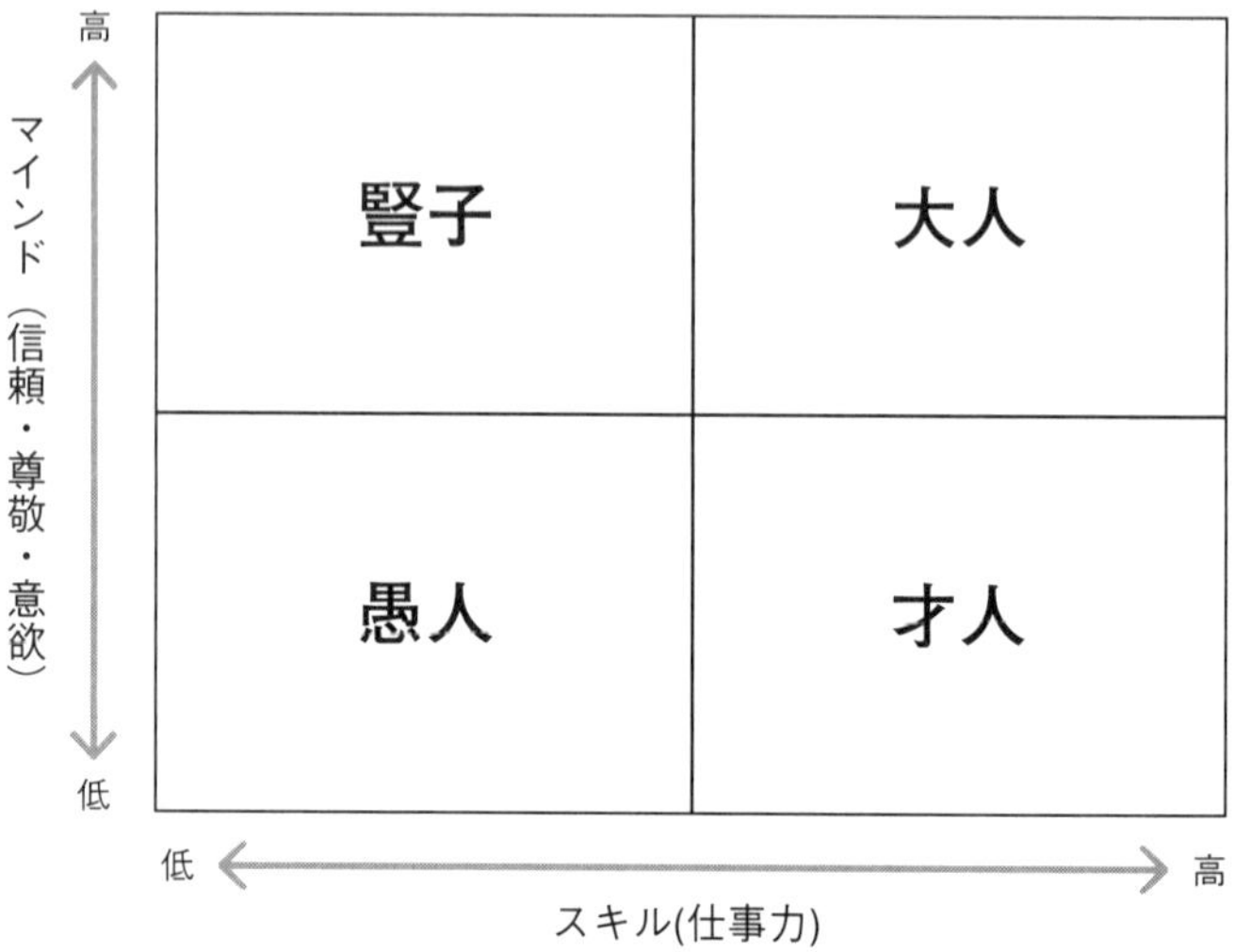

仕事力のある有能な人は才人である。才人のことを「デキル人」と呼ぶこともある。

ただし才人は、才能は高いが人間力に劣る。いわゆる才あって徳なしというタイプだ。才とは一般に才能、才覚、センスの意味であるが、才にはもうひとつ別の意味がある。才《わず》かという意味だ。

才人とは、才はあっても徳に乏しい人である。「事務力」は高いが「人間力」には乏しい。専門の業務を適切に遂行する上では、才人の存在はそれなりに必要であり望ましい。

企業法務や会計処理など、個人の専門性を発揮して仕事をするのであれば

才人はうってつけだ。

しかし、チームで仕事をしてチームで結果を出すには、専門知識やスキルよりも、チームの力を足し算ではなく掛け算で引き出す力が求められる。

グループとチームの違いは何か。そもそも論で言うとグループとは人の群れである。人が8人集まると、そこにはグループが生まれる。同じ8人が目的や目標や方向性を共有するとチームが生まれる。

会社に求められるのはグループではない。チームである。

チーム全員を正しい方向に導くためには、スキルだけで事足れりとは言えない。スキルだけに傾斜している人は「デキル人」である。専門家、スペシャリスト、職人としては通用してもリーダーにはなり得ない。

社長はデキルデキタ人であれ

日本では、よく「デキル人よりデキタ人」と言われる。

才ある人（デキル人）より、徳ある人（デキタ人）であれという意味だが、徳だけでは社長は務まらない。徳だけの人は君子である。君子とは、本来「仁義礼智ある人」（孟子『尽心上』）という意味だ。

礼節のある人は、社会人としては申し分ない。だが、企業や部門を牽引するトップとしては、力不足であり、ときに迷走状態を招きかねない。迷走しても「立派ないい人」であるだけに、部下の何人かは見捨てたりせずに、その後をついていく。そうして結果として人を不幸の道連れにしてしまうのだ。

仕事力（スキル）はお粗末だが、人はよいというのは、リーダーとしては失格者である。リーダーは仕事力と人間力を備えた「大人《たいじん》」すなわち「デキルデキタ人」であるべきだ。

仕事力も人間力も兼ね備えた大人こそが、トップの目指すべきリーダー像である。ただし、社長個人の仕事力（スキル）不足は、適切な人を選び、仕事の一部を任すことで補うことができる。

人の意見に耳を傾けて衆知を集め、ときに応じて才ある者の言を用いることで最善の結果を得ることができる。

こうした他者の力を用いる力、「用兵力」はまぎれもないトップリーダーに求められる力だ。社長の力に必要なのは、専門知識や技能以上に人を見抜く洞察力である。

では、人を見る力を高めるにはどうすればよいか。

それは人間を知ることだ。

人の才を見抜いても、彼を招くことができなければ才は活用できない。彼を招き、才を発揮させるためには何が必要か。彼が「この人のためなら」と、喜んで招きに応じるのは、社長の人間力に惹《ひ》かれたときだけである。

才人は自分が仕事の技量や技能に長けていても、他人に喜んで力を貸したいと思わせるような「人間力」が希薄である。

一方、「デキタ人」である君子は、人間的、人格的には立派で、人から信頼され尊敬されるが、仕事の能力は月並み、または凡庸《ぼんよう》である。多くの人を鼓舞《こぶ》して全員の力を糾合《きゅうごう》できるのは大人だけが持つ力である。

「一国は一人で興り、一人で滅ぶ」という中国の俚諺がある。

会社の良し悪しはトップ（社長）一人の力量で、ごく控えめに言っても80％は決まってしまう。

あえて繰り返すと大人とは「デキルデキタ人」である。

三流のリーダーとは、部下を叱咤激励して行動に走らせる人である。二流のリーダーとは向かうべき方向を部下に示して、部下を納得ずくで一定方向へ導く人である。

一流のリーダーとは、多くの部下をリーダーに育て上げて、自分が不在でも、仕事が回るような人づくりとシステムづくりのできる人である。極言すれば自分を「無用化」できる人である。

LEADERSHIP

サラリーマンとビジネスマンの違い

サラリーマンとビジネスマンの本質的な違いは何か。

サラリーマンとは、会社に仕事をしに行く人である。

定められた時間に、定められた仕事をする人だ。時には、または恒常的に残業もする。サラリーマン的上司の下にいる部下は、定められた仕事の進め方の指示を上司から受け、定められた仕事をこなす。

定められたことを、定められたとおりにこなすだけであるから、上司も部下もリーダーシップを発揮する必要がない。

失敗を避けて定まった枠の中で、定まった仕事を無難にこなすのがサラリーマンである。

リーダーは、サラリーマンであってはならない。

サラリーマンに対する言葉はビジネスマンである。ビジネスマンとは、会社に結果を出しに行く人である。それもただ単なる結果ではない。出すべき結果に求められた期待を超えた付加価値を加えることができる人である。

意欲（ウイル）と能力（スキル）を持つ「プラスアルファ」の人であるが、付加価値をつくるためには、時には前例のないことにもチャレンジする必要がある。

チャレンジする勇気をチームに鼓舞せよ

前例のないことにチャレンジして、結果を出すためにはリーダーの強いリーダーシップが必要だ。チャレンジと言っても、某大手電機会社のように目標を達成するためには手段は択《えら》ばずという不正なチャレンジではない。正しいプロセスを経た上での目標達成である。

人は経験のないこと、未知の分野へ飛び込むことに恐れを抱く。チャレンジには常に〝失敗するかもしれない〟という不安が伴う。チームで未知の分野にチャレンジするためには、チーム全体の勇気を奮いたたせなければならない。

そのためには、「このまま行けば我が社には将来がない、現状是認のままでは没落してしまう」という危機感を醸成する必要がある。「健全な脅し」である。

チャレンジするには、まずリーダーが勇気と覚悟を示す必要がある。

その上で、チームのメンバー一人ひとりを「できる！」と励まし、チャレンジしたら我が社はこうなるという将来の希望を持たせる必要がある。「その先にあるもの」を示すと、人の心にはやる気の炎が燃えてくる。

自分の頭で考え自分の足で立つ

リーダーの中の最高峰である社長に求められるリーダーシップとは、言うまでもなくサラリーマン的スタンスではなく、ビジネスマンとしてのリーダーシップである。

くり返すがビジネスマンとは、会社に結果を出しに行く人である。自分の頭で考え、自分の足で立ち、自分の腕で仕事をして結果を出す人である。こういう人をプロ（P

RO）という。プロに対して、アマとは会社の名刺で仕事をする人である。こういう人はあまた存在する。

ビジネスマンたる人は、プロでなければいけない。プロになるためにはどうすればよいか。次の3つを実践・継続することである。

P……Positive（肯定的）である。「だからダメだ！」とは言わない。「どうしたらできる?」と考える

R……Responsibility（自責＝すべて自分の責任と考える）と考える

O……Objective（短期と長期の納得目標）を持って目標にチャレンジし続ける

本物のプロ・ビジネスマンだけが、本物のリーダーシップを発揮することができる。

プロとはPROの人である。

LEADERSHIP

意識が変われば態度が変わる、態度が変われば習慣が変わる、習慣が変われば人格が変わる、人格が変われば人生が変わる

リーダーシップの核心には人間力がある。

では、リーダーに求められる人間力とは何か。それが本書で解き明かすべき主題だ。

リーダーに求められる人間力というのは、古くて新しいテーマである。日本人は江戸時代から、人の上に立つ人のあり方を『論語』や『大学』などの四書五経《ししょごきょう》を教科書として学んできた。

ところが、それほど長く学んでいながら、我々の人間力はなかなか進歩しない。

我々は人の上に立ったとき、ついつい『論語』や『大学』が教示している「あるべ

き振る舞い」を行わず、得てして「あるべからざる行動」をとってしまう。人の上に立つ人が陥りがちな、あるべからざる悪弊とは概ね次の6つである。

1．人に勝ちたがる

人の上に立つ人、社長やリーダーは経験と実績のある実力者である。いわば勝利の歴史を経てきた人たちだ。それゆえ負けることを極端に嫌う。この気持ちは困難を乗り越えるレバレージ（梃子）となる反面、オレがオレがという自己中心的人間に自分を追い込みやすいし、下手をすると常に人を押しのけるような狭量な人間となる恐れがある。

仕事の技量（スキル）はあっても人間的器量（キャパシティー）に乏しいのだ。

2．自分の欠点や過ちを聞くことを恥じ、嫌がる

耳に痛いことを言われることを嫌うのも、人の上に立つ人が陥りやすい隘路《あいろ》だ。社長やリーダーがこうなると、反対意見や異論、苦言を口に出す人を忌避《きひ》、回避して、自分の周囲を甘言ですり寄って来るイエスマンやごまかす人間で固めようとする。

社長やリーダーがお追従や称賛の言葉ばかり聞いていると、そのうちに物事の実態が分からなくなり最後には裸の王様になってしまう。

結果として自分を滅ぼし、次に会社を滅ぼす。大切なのはイエスの声ではない。ノーの声である（但し、イエスと言っても、イエス・キリストの声には耳を傾けるべきである！）。

3. 口達者

社長やリーダーは部下から尊敬される存在だ。部下は社長やリーダーの言うことを尊重し、積極的に耳を傾ける。人が熱心に自分の話を聞いてくれるというのはだれにとっても気分がよい。自分の優越感や存在感をくすぐられるからだ。

そのため社長やリーダーはよくしゃべる。

だが、巧言令色鮮《こうげんれいしょくすくな》し仁《じん》といわれるように、饒舌であることは人間力にプラスとはならない。社長やリーダーは聡明才弁より「聴き達者」であるべきだ。「細口巨耳」の人であるべきだ。「八聴き二しゃべり」が望ましいのだが、多くの経営者は「一聴き九しゃべり」、ひどくなると「ゼロ聴き、十しゃべり」の「無耳巨口」の人である。神様は人間に、口はひとつ、耳はふたつ、目もふたつくれた。よく見てよく聴くほうがしゃべるより四倍も重要だということである。神の摂理に背く人は、ろくな死に方をしない。

4. 聡明をてらう

いわゆる秀才型の社長や自称インテリの悪弊である。「深沈厚重なるは是れ第一等の資質なり。磊落豪雄なるは是れ第二等の資質なり。聡明才弁なるは是れ第三等の資質なり」（呂新吾『呻吟語』）という。聡明で弁が立つことは悪いことではない。だが、学問的な知識はスキルである。スキルだけでは、人は喜んでついてこない。

皮肉なもので本当に頭のよい人は、自分は頭がよいとは思っていない。まだまだと思っている。頭の悪い人ほど、自分は頭がよいと思っている。

5. わざと威厳を繕う

大方の社長やリーダーは、社員や部下から偉い人と認められたいと思っている。そのため、つい意識して威厳を保とうとする。しかし、威厳とは周囲の人が「威厳あり」と感じるものであり、自ら繕うものではない。真に威厳のある人とは、自然体でありながら、そこにそこはかとなく威厳が漂う人だ。リーダーは人に愛されるだけでは落第である。愛に一定の畏《おそ》れが加わる。畏敬《いけい》（ＡＷＥ）される人である。

6. 我がまま勝手で我意を押し通す

公正であるべき判断や評価を恣意《しい》的に壟断《ろうだん》することも、社長やリーダーが犯しがちな過ちである。

いわゆる情実人事というものだ。人の上に立つ人は、極度に高い倫理性を身に付けていなければならない。社長やリーダーに高い倫理性が求められるのは、道徳的にそうあってほしいという建前的な願望ではない。そうでなければ組織が弱体化するからだ。

人の意見に十分に耳を傾けた上で、自分の信念や価値観で自己を立てる、つまりリーダーには自分はこうだという「我がまま（我が流儀）」が必要である。だが、個人の好き嫌いが先行する我が儘はご法度《はっと》である。

エクセレンスとは行動が習慣となった結果である

以上が人の上に立つ人が陥りがちな悪弊だ。逆に言えば、意識してこうした悪弊を遠ざけていれば、人の上に立つ人の条件を満たすことができる。

しかし、悪弊の罠《わな》はそう簡単には遠ざけられない。たとえば一カ月の間、6つの悪弊を意識して行わないということはできる。半年も可能だろう。だが、一年間となるとどうか。一年間、一度も6つのうちのいずれも行わないということは意外に難しい。

「人生とは習慣の織物である」（アミエル）という。

その人の人生が、習慣の結果であると同様に、人間力も習慣の結果である。6つの戒めは習慣となって、はじめて人間力に変換される。

習慣を変えるにはどうすればよいか。意識が変われば態度が変わる、態度が変われば習慣が変わる、習慣が変われば人格が変わる、人格が変われば人生が変わるという。まず意識を変えることがスタートラインだ。意識を大幅に変えることを意識改革という。

正しい意識改革のためには、正しい問題意識を持たなければならない。正しい問題意識を持つためには、広く深く学び続けることが必要だ。

何を学べばよいのか。それは「人間」である。人間とは何かを学ぶことが、正しい意識、正しい態度、正しい習慣につながる。

正しい習慣は正しい人間力を育む。

つまり、人間学こそが人間力の原点なのである。

LEADERSHIP

リーダーにカリスマ性は要らない

人間力の高いリーダーのことを、我々は強いカリスマ性を持った人物と思いがちだ。たとえば織田信長、始皇帝、ナポレオン一世などが思い浮かぶ。しかし、彼らは一様に短命政権だった。企業経営者を見ても、戦後日本のチェーンストア業界にダイエー王国を築き上げた中内功《いさお》氏を筆頭に、カリスマ経営者といわれた人の会社は意外に一代限りのところが少なくない。

カリスマとは、ギリシャ語で恩恵を意味する〝カリス〟が語源といわれている。今日では、各分野で神格化された指導者のことをそう呼んでいる。企業経営者でも、カリスマといわれた人に対する信頼と信用は信仰に近いものがあった。

リーダーが神格化されてしまうと、神は絶対であるから、だれもリーダーに対して異を唱えなくなる。諫言《かんげん》も苦言も忠言もない。周囲は「神」の神託をいただくだけのイエスマンばかりとなり、だれもリーダーの間違いを指摘しなくなる。

こういう状態のリーダーは、致命的な情報不足に陥る。入ってくる情報は「後追い加工情報」となる。しかも、自分では情報不足に気づかない。情報不足では、到底正しい経営などできるはずはなく、リーダーは自分自身と、自分の後についてくるフォロワーとともに危殆《きたい》に瀕することになる。情報不足がカリスマ経営者の陥りがちな罠だ。

真の人間力は胆識の積み重ね

カリスマとは結果である。カリスマと呼ばれるようなリーダーは、企業経営者であれ、他の分野であれ、立派な実績を挙げてきている。その上、人から畏怖の念（恐れを伴った尊敬の念）で見られている。結果として、人びとから神格化されるほど強く信頼・信用されているのだ。

周囲がカリスマと仰ぐだけの実績を挙げるのは望ましいことでもあり必要なことだ。問題は、段々と自分自身を神格化してしまうことだ。人は周囲から尊敬され、称賛されると、ついその気になってしまう。踏みとどまることは難しい。次第に自分が見えなくなってしまう。

　周囲からカリスマと呼ばれても、なお冷静に現実を見失わないために必要なのが自制心と胆識である。学問で知ることができるのは知識、知識に経験と自分自身の考え方が加わって得られるのが見識、見識に決断と行動が伴って胆識が生まれる。胆識の多寡《たか》は、人間力の大小を決定する要因でもある。

　神格化の原因は過去の功績と実績である。しかし、過去の結果は単なる記録にすぎない。過去の結果にあぐらをかいている人はカリスマにはなれても、持続性ある胆識の持ち主にはなれない。本当の人間力の持ち主はカリスマではなく、持続性ある胆識を持つ人である。

　カリスマ性と持続性ある胆識の両方が伴えば、まさに鬼に金棒だが、歴史上の人物を見てもそういう人は稀中の稀だ。リーダーに実績は必要だが、カリスマ性を求める必要はない。カリスマ性を求めるということは、無謬性《むびゅう》、絶対性を求めることになる。それは神の領域であり、人には無理な世界だ。

　むしろ、そうした神格化に通じる行いからは遠ざかったほうがよい。リーダーにはカリスマ性は要らない。一時的な徒花《アダバナ》で終わってしまうからだ。持続性のある胆識こそが肝要である。

一流の経営者となってからも、マメに現場に足を運んで、そこで働く社員に気さくに声をかけ続けていたソニーの創業者井深大《いぶかまさる》氏や、ホンダの創業者本田宗一郎氏のような持続性ある胆識の持ち主をロールモデルとするべきである。

人間力とは、井深大氏や本田宗一郎氏のような衒《てら》いも驕《おご》りもない人に備わる力だ。

いわば江戸時代の儒学者、佐藤一斎の言葉「春風をもって人に接し、秋霜をもって自ら粛《つつ》しむ」にあるような人が、人間力のある人の姿なのである。

LIBERAL ARTS（教養）

高いつもりで低いのが教養、低いつもりで高いのが気位

人間力とは前述の胆識の積み重ねである。したがって、胆識を構成する要素である知識や見識も持続的に高めなければならない。我々は知識・見識が教養の根源であると知っている。つまり、胆識を高めるには教養を高める必要があるのだ。

だが、人は往々にして高いのは気位《きぐらい》ばかりで、教養のほうはなかなか気位に追いつかない。また、知恵は浅いままで、欲は深まる一方である。理想と現実は必ずしも一致しない。世の中とは、ままならぬものである。

気位と欲はとりあえず横に置くとしても、教養は高め、知恵は深めなければならない。そのために必要なのは自己研鑽だ。教養とは多様な経験に加え、哲学・歴史などの学問を学び、知性を豊かにして、現象の本質を見抜く鋭い感性を磨くことである。

教養とは鍋料理の最後のスープである。鍋料理で最後に残ったスープには、具材から染み出たいろいろな旨味が入っている。濃厚で芳醇なエッセンスの塊である。同時に教養とは、富士山の裾野でもある。富士山の裾野は、霊峰富士の頂を支える幅であり、広がりであり、奥行きであり、深さである。

教養とは本質を見抜く力

鍋料理の最後のスープのように、富士山の裾野のように、底辺の広い厚みのある教養だけが物事の本質をつかみ得る。

物事の本質は、単なる知識では見抜くことはできない。百科事典やネットから得られる知識では、物事の表層に触れることはできる。しかし、物事の核心に至る本質をつかむには教養が必要なのだ。トム・ピーターズの近著『THE EXCELLENCE DIVIDEND』の中には、入社20年ではＭＢＡ（経営学修士）の保持者よりもリベラル・アーツ（教養学部）の出身者のほうがはるかに出世度が高いという例が紹介されている。

したがって、知識はあっても教養に乏しい人は、表面的な事象の変化に右往左往するばかりで、ことの行方を見通した腰の据わった判断もできないし、行動がとれない。知識はあるから表面的な変化はわかるが、本質をつかんでいないので、冷静な判断ができず先が読めないのである。

ことの本質をつかんでいる本当の教養のある人は、軽挙妄動しない人である。本当の教養を身につけるには学問のみならず、音楽や絵画、彫刻などの芸術についても造詣を深めなければならない。教養には、富士山の裾野のような広さが求められるのである。さらに教養には、無用の学も必要となる。

有用の学ばかりが学ではない。無用の学も大事な学なのだ。では、無用の学とは何か。

昔、日本に「能率」という概念が誕生したときには、一枚の紙には余すところなく情報が書き込まれているほうが、ムダがなく能率がよいとされた。紙に書かれた情報が文章であるなら、改行は一切なく、行間の空きもなければ周囲の余白もないという状態だ。

こういう状態は確かにムダがない。だが、明らかに読みづらい。読みづらいということは伝わりにくいということであるから、情報の共有・再現には目的からすると不都合となる。これでは能率や効率はよくても、効果や生産性は低い。因みに、生産性とは効果と効率の積《せき》である。

したがって本来、無用である余白や改行が、目的によっては大きな貢献をすることになる。無用の用とは、こうした一見無用な余白や改行に注目し、その価値を見いだすことだ。

換言すると教養とは人生の余白である。

教養を構成する要素には、無用の学も含まれる。では、このように広がりと奥行きのある教養を身につけるには、どんな心がけで物事に学べばよいのか。私は常に「3つの目」を心がけ、人にも勧めている。3つの目とは虫の目、鳥の目、魚の目だ。

神は細部に宿る（God is in the details.）という。虫の目とは、物事の細部に注目して観察し、考えることである。

鳥の目とは、物事を鳥が上空から見るように、全体像を俯瞰し把握することだ。そして魚の目とは、「見えないものを見る」目である。魚の体には、側線という水質、水流の変化を感じ取るセンサーが備わっている。世界の変化、時代の変化、人びとの変化を敏感に感じ取ることが魚の目だ。

一日4回メシを食う

以上3つの目を意識して物事に臨んでいくことが、私の勧める本当の教養を正しく身につける上での基本である。教養を身につけるには、もうひとつ基本がある。それは本に学ぶことだ。前述したとおり行動は習慣となってパワーに変わる。読書という行動を習慣にすることで、教養はより深まる。そのためには一日4回メシを食うことだ。

三度はコメやパンのメシを食い、4回目は活字のメシを食えということである。習慣的に一日1時間は活字の本を読むこと。私は好まないが活字の本の代わりに電子書籍でもいい。本を読まない人は絶対に伸びない。本を読んでいるばかりで仕事をしない人はもっと伸びない。

本を読むという習慣は、人生を豊かにする貴重な財産である。人生で読書をはじめる最も望ましいタイミングはいつか。教養を高めるための習性はいつからはじめるべきか。「今日よ（キョーヨ）！」である。

LIBERAL ARTS

人生は、取り返しはできないがやり直しはできる

人生を振り返ると、あのときこうしておけばと思うときがある。

いわゆる後悔だが、いくら後悔しても、過去に戻って失敗を取り返すことはできない。できるのは、未来に向かってもう一度やり直すことだけである。過去の失敗は、チャンスを得て再チャレンジするときに大きく役立つ。

だが、過去を反省し過去に学ばない人は、チャンスを得ても生かすことができない。〈子《し》曰く、過ちて改めざる、是を過ちと謂《い》う〉、これは孔子の教えである。失敗した

ら素直に認めて、やり直せばいい。

一日に1回は、2回は、更には3回は、己を省みよう。三省堂という書店の名前の語源である。

いままで過去に学ぶことを疎《おろそ》かにしていた人がやり直すためには、いまこの瞬間から学びはじめることだ。学び続け、学ぶことを習慣化すれば、必ずやり直すことはできる。大事なことは、未来に向かってひたむきな「いま」を積み重ねる。これに尽きる。〝NOW AND HERE〟である。

教養を積むというのも同様である。

教養とはカルチャーである。カルチャーというのは、日本では文化という意味で使われることが多いが教養という意味もある。

Culture（カルチャー）とは、ラテン語で、耕すという意味の〝colere〟が語源だ。英語になって、土地を耕すという意味から心を耕すという意味に派生し、文化や教養を意味するようになった。

教養と教育は違う

教養とはカルチャーであり、心を耕すことである。

心を耕すとは、そこに種を播《ま》き、種が根を張り、芽を出し、やがて花が咲いて実を結ぶ土壌をつくることに他ならない。教養とは心の土壌を豊かにすること、すなわち心をつくることである。

心ここにあらざれば、聞けども聞こえず、見れども見えずという。

学ぶ心のない者にはどんな教訓を受けたとしてもそれが実を結ぶことがない。教養とは、教養自体が花や実となるのではなく、教養によって心が耕され教訓の種が根付いて花が咲き、実を結ぶ準備が整うのだ。

教養があって、はじめて小さな出来事からでも物事の本質をつかむ力が芽吹くのである。

したがって教養は教育と異なる。

教育は他者から受けるものであるのに対し、教養は自ら掘り下げるものだ。自立した人間でなければ真の教養は身につかない。

学ぶべきことと学ばなくてよいこと

すべてに学ぶといっても、やはり世の中には学ぶに値する本物と学ぶに値しない贋《にせ》物《もの》がある。どうやって真贋《しんがん》を見分ければよいか。私が本物かどうかを見分けるひとつの目安としているのは、安岡正篤《まさひろ》座右の銘といわれる「六中観《りくちゅうかん》」だ。

一、死中、活あり「死地に入って活路が開く。のらくらと50年70年を送って何の生ぞや」。ピンチとは、実は挑戦するためのチャンスであることを知ることが大事だ。

二、苦中、楽あり「貧といえども苦しいばかりではない。貧は貧なりに楽もある」という。本物の楽は苦労を知らなければわからない。

三、忙中、閑あり「真の閑は忙中にある」という。忙中にあって、はじめて閑の価値がわかる。無用の用を発見する手がかりもここにある。

四、壺中《こちゅう》、天あり『後漢書』にある一節。周囲を壁に囲まれていても、頭上には青空がある。真のポジティブとは四面楚歌でも心が折れないことである。英語には〝Every cloud has a silver liming〟(どんな雲にも銀色の裏打ちがある)という表現がある。

五、意中、人あり「常に心の中に人物を持つ。あるいは私淑する偉人を」という。真贋を見分けるための本物の知恵を得るには、本当に信頼できる人生の師(メンター)を持つことほど心強いことはない。

六、腹中、書あり「腹の中に納まっている哲学のことである」。人生の指針となるような本を見つけて、それを座右の書とすることで物事の本質、本物の知恵と偽物の知恵を見分ける手がかりとなす。座右の書を英語で言うと〝Book Mentor〟だ。

人間のメンターに出会うことは、偶然も運もあるが、ブックメンターは探せば必ず見つかる。偶然ではなく必然である。

以上、6つのいずれかに当てはまる知恵や知識、情報であれば積極的に学んで、我がものとしよう。

第2章

教育と人財育成
説明能力

▶ 会社育ては人育て、人育ては自分育て
▶ 優れたリーダーは優れたコミュニケーターである

LEADERSHIP

EDUCATION／教育・人財育成
EXPLANATION／説明能力

経営者は教育者である

20世紀最大の経営者として定評のある、GE（ゼネラル・エレクトロニクス）社のCEOであったジャック・ウエルチは、クロトンビルに巨大な研修施設をつくった。実際には、以前からあった研修施設をジャック・ウエルチがCEO時代に巨額の資金を投資して、今日、有名な幹部教育スクールへとつくり変えたのである。

ジャック・ウエルチが社員の教育に積極的だったのは、彼自身が若い頃に教育者を目指した人だったこともあるだろうが、本質的な理由は経営者は教育者でなければならないという信念があったからだ。すべての物事には順番というものがある。

経営者が一番先に教育するのは自分自身だ。次に社員を教育する。

自分を教育するとは、知識やスキルを身につける上で、教養を深めるための自己研鑽であり、自己啓発である。社員を教育するということは、社長が社員を教え育てることである。社長がなぜ社員を教え育てなければならないかというと、理由は至極簡単で、会社の力とは社員の力の総和に外ならないからだ。

社員の質は、会社の商品やサービスの質に反映される。組織力（チームワーク）の質に反映される。商品・サービスの質やチームワークはＣＳ（顧客満足度）を決定する。ＣＳが高まれば企業業績は上がる。したがって社員を教育するのは、社長にとって最も大事な職務・職責である。

ただし、社長は社員を教育する前に、自分自身の価値を高めなければならない。「ダイヤモンドはダイヤモンドで磨かれ、人は人により磨かれる」という。一流の人間になるためには、一流の人に接するしかない。論語には「己《おのれ》に如《し》かざる者を友とすること無《な》かれ」とある。接するべき一流の人とは、真の賢者であり、強者であり、富者である。仕事力と人間力に秀でた大人《たいじん》である。真の賢者とは、あらゆるものから何かを学び取る人だ。真の強者とは、人に勝つ前に己に克つ人である。真の富者とは、足るを知る人のことだ。

本物の教育者は人の心に火をつける

教育で肝心なことは何か。まず時間である。

「一年の計を穀は樹《う》うるに如くはなく、十年の計は樹を樹うるに如くはなく、終身の計は人を樹うるに如くはなし」（『管子』）

人を育てるには時間がかかる。

冒頭に紹介したジャック・ウエルチの幹部スクールとは10年、20年かけてGEの全社員の中から優れたリーダーや後継者を育て上げる仕組みでもある。

では、教育者である社長はどんな教師になればよいか。アメリカの哲学者で教育学者であったウイリアム・アーサー・ワードは、教育者について次のように言っている。

The mediocre teacher tells.
The good teacher explains.
The superior teacher demonstrates.
The great teacher inspires.

元東北大学総長の西澤潤一氏はアーサー・ワードの言葉を「凡庸な教師はただしゃ

べる。よい教師は説明する。優れた教師は自らやってみせる。そして偉大な教師は心に火をつける」という日本語に訳している。心に火をつけるとは、人を鼓舞するということである。

アーサー・ワードの言葉には〝Encourage me, and I will not forget you〟（勇気づけられればあなたのことを忘れない）というものもある。社員を教え育てる、文字通り「教育」の役割を持つ社長の態度を考える上で大いに参考になるのではないかと思う。

明治時代の卓越した行政官のひとり、後藤新平は、人を次のように格付けしている。

「三流の人は金を残し、二流の人は事業を残し、一流の人は人を残す」

企業経営者は、「人残し」のできる一流の人を目指すべきである。

E D U C A T I O N

人財育成の3条件は座学、メンター、修羅場

人財とは、LEADERSHIP、26ページで述べている「大人《たいじん》」である。

ダイヤモンドはダイヤモンドで磨かれるというセオリーを敷衍《ふえん》すると、「デキルデキタ人」である大人《たいじん》は大人にしか育てることができない。したがって社長自身が大人であり人財であることが、すべての前提となる。

しかし社長ひとりで、すべての社員を手取り足取り教えていくことは不可能だ。

組織的に人財を育成するには、まず社長自らが人財となり、次に社長が育てた人財が、また部下を人財へと育てていく。そういう風土と仕組みが必要となる。

人と人が学び合える組織のことを「ラーニング・オーガニゼーション（学ぶ組織）」という。ラーニング・オーガニゼーションとは、マサチューセッツ工科大学の教授、ピーター・M・センゲが提唱した「強い組織」のつくりかたである。

平たく言えば、人々が互いに学び合い、高め合う組織をつくることだ。センゲは、学ぶ組織をつくるには次の5つが必要と唱えている。

Systems thinking　システム思考　ビジネスの相互作用と関係性を把握する力

Personal mastery　自己マスタリー　自己を高めるための積極的に学習する意欲

Mental models　メンタルモデル　固定観念を捨てる力

Shared vision　共有ビジョン　企業理念・方針を共有する力

Team learning　チーム学習　コミュニケーション・レベルを上げる力

５つのうち、センゲが特に重要としているのがシステム思考である。仕事はチームで行う。チームは会社という組織の一部分であるから、一つのチームの行動は有機的に会社に影響を及ぼす。したがって、ひとつのチームが効果的で効率的な成果を上げて、生産性の高い仕事をするためには、会社全体の関連性や機能性を十分考慮に入れなければならない。アライメント（協力）が必要である。

センゲの意見は、私の経営者体験からも納得できる意見だ。

人は修羅場で人財になる

学ぶ組織をつくることは、人財を育てる上でも有効だ。だが、人財を育てる上で、社長にしかできない決定的な方法もある。

人を育てる方法は次の３つである。座学、メンター、修羅場だ。

座学とは研修やセミナー等で講師の話を聞き学ぶこと。物事の基本や原理原則を体系的に知るためには有効な方法である。ただし、座学の重要度は精々10％である。

物事の基本、原理原則を知らなければ我流、自己流となる。我流、自己流だけでは内外の変化に適切にかつ効果的に対応することはできない。原理原則を理解してはいるが、状況により一時的にそこから外れることを「例外」と言う。原理原則を知らずに得手勝手をやることを「デタラメ」と言う。座学の効用は原理原則を学ぶことができるという点である。

メンターとは人生の師である。悩ましいときや困ったときには相談に乗ってもらえる人のことだ。英語には「メンターが3人いれば人生はバラ色」という言葉があるくらい、直接、教え導いてくれる貴重な存在である。社長は人財であるとともに、社員にとってのメンターでもあるべきだ。メンターの重要度は20%である。

そして最後の修羅場とは、結果責任を伴う困難な仕事のことだ。人は修羅場を経験することで、最も大きく成長することができる。一皮も二皮もむけるのだ。この重要度が70%である。

そして、この修羅場を社員に経験させることができるのは社長しかいない。

修羅場を経験させるというのは、ひとつ間違うと社員をつぶすことになりかねないリスクのあることだが、見込みのある人を人財に育てるためには避けて通れないプロセスでもある。リスクを避けるには、社員の個性や性格に合わせた十分な事前の瀬踏みが大事だ。

人は変われる

「経営学は本を読んで学べるが、経営力はやってみなければ身につかない」という。経営学は座学で学べる。だが経営力はいくつかの修羅場をくぐってはじめて身につく。水泳の本を何冊読んでも実際に水に入らなければ泳ぎは上達しない。水に一度も触れたことがないのに本を読めば泳げるようになると考えることを錯覚という。ゴルフ然り、将棋然り、ダンス然りである。

ある大手メーカーの創業社長は、有能だが、それゆえ周囲を見下す癖のある幹部に社ではじめての海外工場の立ち上げを命じた。中南米のある国に設立する工場は北米とヨーロッパに製品を供給する重要な生産拠点である。

国が変われば文化も風習も違う。現地の責任者として派遣されたくだんの幹部は、思いどおりに動かない現地の人々にたびたび業を煮やした。しかし、彼らが動かないことには、工場も建設できず、稼働もできない。

彼は仕方なく現地の文化と風習を学んだ上で尊重し、日本式のやり方と折り合いをつけながら工場を立ち上げた。4年経《た》って日本に戻ってきた彼からは、以前の傲慢《ごうまん》さや横柄さが消えていたという。人は修羅場を経験して変われるのだ。

かつて私の部下で、まったく使えない男がいた。いわゆる落ちこぼれ社員である。周囲からも見放された存在だった。しかし、私は社長に就任したとき、この落ちこぼれ社員にも他の社員と同等に、目標の達成を要求し、彼が時折見せる才能をマメにほめた。

そうすると、いままで彼を落ちこぼれと見捨てていた周囲の目が変わった。社長から目をかけられている男と思われ、みんなの態度が変わった。みんなの態度が変わったことで、本人の意識も変化した。落ちこぼれ社員ほど伸びしろが大きい。人間の頭脳は、最大に使ったとしても全体の10％から20％ほどという。だが、彼は能力の5％も発揮していなかった。

仕事の成果とは〈スキル×意欲×やり方・プロセス〉だ。

仕事に対する意欲が大きく高まったことで、スキルの乏しい彼でも、高い意欲のままで継続的に仕事に取り組めば結果が出る。

いままでの成績が悪かった分、すこしでも結果が出ると周囲に与えるインパクトは大きい。みんながすこしずつ彼を認めるようになり、彼が結果を出すことで、周囲の人間も触発を受けチーム全体の成績が上がった。
落ちこぼれ社員が変わることで、チーム全体の力も上がったのである。

ビジネスの場におけるすべての失敗の80%はコミュニケーションの不備に起因する

EXPLANATION（説明能力）

説明能力の肝は、コミュニケーションの本質を知ることにある。コミュニケーションとは、仕事の合間に暇を見つけてやるものではない。積極的に時間をとって行うべきリーダーの重要な仕事だ。「優れたリーダーは優れたコミュニケーターである」という。

コミュニケーション能力のないリーダーは、リーダー失格である。

ビジネスで失敗した例をつぶさに観察してみると、８割以上がコミュニケーションに原因があることがわかる。よくあるケースが、こちらの意図が相手に正しく伝わっ

図表●社員が感じるコミュニケーション・レベルと組織力の関係

高い ◀◀◀	コミュニケーションレベル	▶▶▶ 低い
良好	人間関係	悪化
吹き抜ける	職場の風通し	澱む
機能する	チームワーク	個人主義がはびこる
メンバー全員の発言がある	会議品質	上司の独演会
高い	目標共有度	低い
早い	危機対応	遅い
正しく伝わったか確認が密	連絡	言ったはずが蔓延
バッドニュースファースト	報告	バッドニュースラストまたはロスト
積極的	相談	消極的

ていない。相手の言ったことを誤って受け取っていたなどだ。

信頼関係を毀損する原因も、8割以上がコミュニケーションの失敗である。逆に言えば、コミュニケーションをレベル高く、円滑に維持することができれば、ビジネス上の失敗の80%は除去できるのだ。したがってコミュニケーションを疎かにするということは、ビジネスパーソンとしては失格ということになる。

会議は過剰、発言は過少

前ページの図にあるように、コミュニケーション・レベルを高めると組織は活性化する。報・連・相がマメに行われる。コミュニケーション・レベルの低い職場は、バッドニュース（悪い知らせ）は最後か、またはまったく知らせない。ビジネスの原則は、いかなる企業でもバッドニュース・ファーストである。

コミュニケーション・レベルの低い職場には、率直な意見が出てこないという特徴もある。この風土が「バッドニュース・ラスト」「バッドニュース・ネバー」の習慣を生む。

また、コミュニケーションの悪い職場では、会議の数は多くても発言は少ない。リーダーは、会議やミーティングで社員にSpeak Out（率直にものを言う）するよう働きかけるべきである。具体的にはどうすればよいか。

会議やミーティングでは、可能な限り「聴き役」に回るのだ。聞き役ではなく聴き役と書いたのは、耳だけでなく耳と心と目を使って積極的に聴く役目を果たすからである。

話に相づちを打ったり、時折「それで？」「なかなか面白いね」と相手の発言を促すのがコミュニケーション・レベルを上げるには効果的だ。

徳川幕府の「お家取りつぶし政策」の中で、幕末まで外様大名として生き残った黒田家には「異見会」、別名「腹立たずの会」があったという。異見会は月３回行われ、普段は殿様にものも言えないような下級藩士が、身分や立場に関係なしに上に対して「人と違った意見（異見）」を述べることができる。耳に痛いことを言う。これが藩が長生きすることができた理由であるという。あなたの会社には異見を述べる機会や場があるか。社長が異見を承認ではなく奨励しているか。また、発言には批判なしとすることもものを言う社員をつくる方法である。異見は承認するだけでは不十分である。奨励すべきである。

相手に伝わっていない説明は説明ではない

文章の最大のねらいとは、著者の意図を読者に正しく伝えることにある。この本もそうだ。著者が一方的に書いているだけでは、本は本とはならない。読者に何分の一かでも本意が伝わって、はじめて本は本となる。

説明能力も同様で、説明が流暢であるということはあまり重要ではない。説明が相手に正しく伝わり、正しく理解されてはじめてコミュニケーションは成立する。相手に伝わらない説明では、単なるおしゃべりにすぎない。コミュニケーションで唯一大事なことは、自分が相手に何を話したかではなく、実際に相手に何が伝わったかである。

説明能力で最も重要なことは、この点に尽きる。

したがって、説明能力を高めようとするならば、パワーポイントや動画の工夫をする前に、どうすれば相手に伝わるかを考えなければならない。つまり相手のことを、相手の立場で考えるということだ。英語には「相手の靴を履く」という表現がある。相手のことを考えることは、まさに人間学の基本である。

説明能力も、また人を知る人間学によって支えられていることを心得ておくべきだ。

EXPLANATION

説得力の「三理」を知ることは人を知ることである

説明と説得は違う。その違いは何か。

説明は、相手に正しくこちらの言ったことが伝われば事足れりとなる。伝わった結果、相手がどのように考え、どういう行動を起こすかについては、説明者の与《あずか》り知るところではない。

説明は必ずしも相手の同意を生まないが、説得は違う。

説得は、説得相手を納得させて動かさなくてはいけない。説得にあって、説明にないもの、それは納得である。人は論理により説得され、感情により納得して動く動物である。

したがって、納得のいく説得が、真の説得といえる。

納得させるには、まずこちらの話が正しく相手に伝わる、すなわち正しい説明が大前提となるが、それだけでは納得ある説得までには至らない。

納得ある説得のためには、次の3つの理が必要である。

1. 論理　人は理由を求める動物である。特にビジネスマンは、理由のはっきりしないことを、本能的に疑う傾向がある。筋の通って破綻しない論理、一貫した論理で話を構成するスキルはリーダーにとって不可欠だ。

2. 理解　相手の気持ちを理解することはコミュニケーションの基本である。納得ある説得のためには、相手の気持ちを正しい意味で慮《おもんぱか》り付度《そんたく》することも必要となる。説得がこちらの一方的な都合で行っているのではないことを示すためにも、相手に理解を示す姿勢が重要である。

３．倫理　道義にかなっていることは納得のための条件だ。人の道に反するような説得をしてはいけないのは無論のことだが、道に外れた説得に乗ってくるような相手も説得すべき対象とは言えない。

組織のリーダーにとって、倫理性の有無は最も重い判断基準である。

説得力の決め手は人間力

権力や立場を背景にした説得では、論理の糸は通っていても、相手の納得を生まない。その結果、部下の行動に粘りや突破力が出てこない。権力に屈していやいや従っているからだ。

納得して動いているのなら、上司の命令や頼みであっても、部下にとってすでに自分のものだ。自ら主体的に取り組んでいる。納得した上で前に進んでいる部下は後ろを振り返らない。

３の倫理に反するような内容の説得をするようでは、そもそも根本的な人間理解に欠けている。人は大義を感じたときに大きな仕事をする。倫理にかなわぬことに同意を得ても、結局ふたり分の墓穴を掘っているにすぎない。

相手を納得させる説得の条件は3つの理だが、そこへさらに力を加えるには、情熱の力と反復力、そして利益（ベネフィット）提供力があるとよい。

情熱の力とは、燃える思いで伝えることだ。畢竟《ひっきょう》、人を動かすのは情熱である。熱い思いをぶつけられれば人は心を動かす。

反復力とは、繰り返し訴えることである。〝Communication is repetition.（コミュニケーションとは反復である）〟という。

社長が社員にメッセージを発信したときに、その内容が十分に伝わり、理解され納得されるためには、同じメッセージを16回繰り返す必要があるという研究結果もあるくらいだ。繰り返し訴えることで、熱意が伝わるとともにこちらの話が相手の心深く刻まれ、心の中で重要度が上がってくる。

説得を納得に変換するには、どういうメリットがあるかを説明することも、ビジネスシーンでは大きな力を発揮する。メリットとは物質的、経済的、社会的なことだけではなく、人間的な成長など精神面でのメリットも、ビジネスおよび人生に大きな利益である。

こうした利益を提供できることも、納得ある説得をするための大事な要素だ。

以上の力を俯瞰《ふかん》すると、これらがすべて人間力に淵源を発することがわかるだろう。納得ある説得の決め手は人間力にある。

前述の後藤新平は、台湾総督府に赴任する際、自分の片腕として新渡戸稲造《にとべいなぞう》を招聘《しょうへい》した。当時、病床にあった新渡戸は、健康を理由に固辞したが後藤はあきらめなかった。

新渡戸を総督府に招聘するのは、日本のためだけではなく、台湾人の生活を健康で豊かにするためであり、台湾という国をよくするためだ。

それができるのは、新渡戸しかいないと後藤は粘り強く説得を続け、ついに新渡戸の承諾を得る。

後藤は関東大震災後の帝都東京の復興事業の責任者であったときも、当時すでに齢80歳を超えていた渋沢栄一を招聘している。高齢の渋沢の身を案じて家人は強く反対したが、渋沢はこのとき死を覚悟して、重責を担ったといわれている。

一流の人の人間力には、一流の説得力と納得醸成力があるのだ。

EXPLANATION

優れたリーダーは優れたコミュニケーターである

コミュニケーションの要諦は、人間を知ることである。優れたリーダーは例外なく優れたコミュニケーターであるといわれる所以《ゆえん》もここにある。人間学を研究することは、コミュニケーション・レベルを上げることにつながるのだ。

コミュニケーションの原理原則も、また、人間学からきている。

メラビアンの法則という説がある。アメリカの心理学者アルバート・メラビアンが提唱した法則だ。

その内容を大まかに言うと、話し手が聞き手に与える影響や感動に対し、言語（Verbal）情報は全体のインパクトのうち7％程度である。非言語（Non verbal）情報が93％を占めるとされている。

人は見かけで判断されるというが、話をしていても、相手は話し手の服装や身振り

図表●忘却曲線

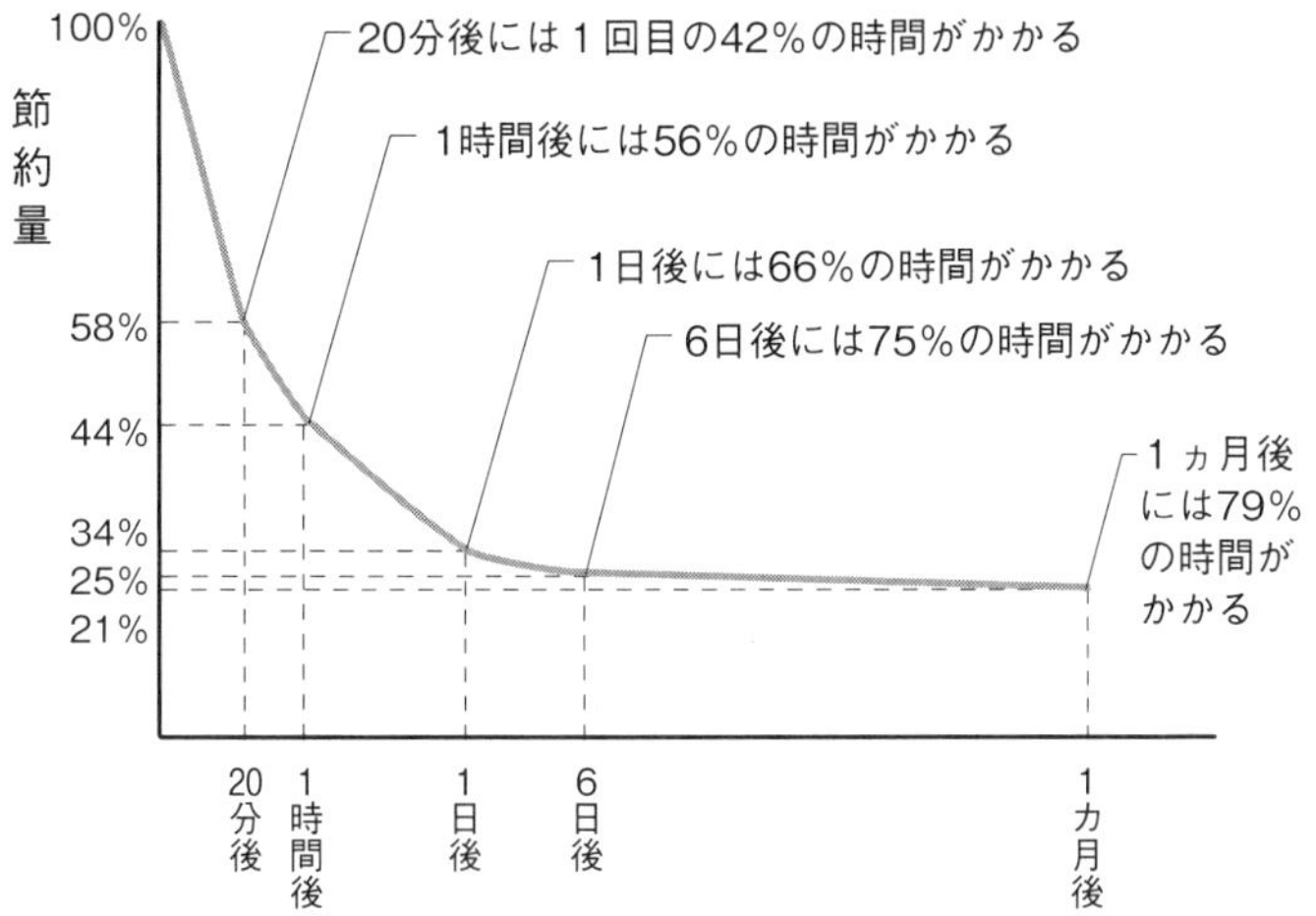

手振り、声の大きさ小ささ、声質などばかりに気を取られ、肝心の話の中味、すなわちコンテンツの持つ主要部分はたった7%にしかすぎないという。

コミュニケーション・トラブルで筆頭に上がるのは、先述したとおり、言ったことが正しく伝わらないことで起きるが、正しく伝わらないこと以外にも原因はある。

それは相手が忘れてしまうことだ。忘れるのは相手が悪いのだが、それで済ませていては優れたコミュニケーターにはなれない。

「忘却曲線」というものがある。

ドイツの心理学者ヘルマン・エビン

グハウスが発表したので「エビングハウスの忘却曲線」とも呼ばれる。その内容は、一度覚えたことを再び覚える時にかかる時間は、20分後でさえも1回目の42％を要し、1時間後には56％、1日後には66％、1カ月後には79％もの時間がかかるという法則である。

優れたコミュニケーターは、人間のこうした特性を踏まえた上でコミュニケーションをとる。人間を学ぶことで優れたコミュニケーターとなっているのだ。

伝達力は人間力によって高まる。尊敬する人に会って直接言われたことや、「あの人からこう言われた」という感動を伴った話は容易に忘れない。人間力はここでも大きな力を発揮する。だが、人間力を磨くには時間という名前の友達の助けが必要である。一朝にして学んだことは一夕で忘れてしまう。

人間力を補うのはコミュニケーション・スキルである。コミュニケーション・スキルを身につけるには、コミュニケーションの原理原則を理解し、原理原則に外れた行動をとらないよう心掛けることが肝心だ。

では、コミュニケーションの原則とは何か。私は、コミュニケーションの原則には10の項目があると考えている。

私のつくった「コミュニケーション10カ条」を次ページに掲げる。この10カ条は教

図表●コミュニケーション10カ条

第1条	コミュニケーションはまず「聴く」ことから始めよ
第2条	コミュニケーションで重要なのは「自分が相手に何を言ったか」ではなく「実際に相手に何が伝わったのか」であると心得よ
第3条	コミュニケーションでは相手の目を見て大きめの声でゆっくりめに話し、相手と波長を合わせることを心がけよ
第4条	話の順序は、相手によって起承転結の「結」から話せ
第5条	コミュニケーションは時間をつくって行う仕事上での優先課題である
第6条	真のコミュニケーションはフェイス・トゥ・フェイス（F2F）でなければならない　F2FによりH2H（ハート・トゥ・ハート）のコミュニケーションが成立する Eメールは簡単な情報の伝達手段にすぎない
第7条	悪い話（Bad News）ほど速やかに報告せよ
第8条	みんなのため仕事のためによかれと思ったことは、立場を越えてどんどん発言（Speak Out）すべし
第9条	「Agree to Disagree」異見も意見として認めよ
第10条	「飲みニケーション」は「Nice to Do」であっても「Must Do」であってはならない。真のコミュニケーションが行われる本来の場所は職場である

科書には載っていない。私が自分自身の経営者体験から啓発を受け、心に刻んできたことだ。

大いに参考にして、ぜひ日常のコミュニケーションの場面に生かしていただきたい。

第3章

志
行動力

▶夢なき人に成功なし
▶行動は成功を約束しないが、行動がなければ成功はない

LEADERSHIP

AMBITION／志
ACTION／行動力

会社とは夢で始まり、情熱で成長し、責任感で維持され、官僚化で衰退する

夢の力は大きい。夢についてはいろいろな人が、それぞれの立場で語っている。中でも数年前、トヨタの社長、豊田章夫氏が新聞記事で語っていた言葉が印象深い。トヨタのOBの話として、戦後のまだ自動車産業が黎明《れいめい》時代だった頃は、金と技術はなかったが夢があった。いまは金と技術はあるが、かつてのような夢が現場にない。それが問題であるという趣旨と記憶している。

夢は優れた会社や人の原点である。「自分の人生の中心に何を置くか」ということだ。

夢のある人、夢を語る人は魅力的だ。夢を語る経営者の代表格は、現在では孫正義氏であろう。昔の経営者では、やはりホンダの創業者本田宗一郎氏が筆頭だ。夢も人間力を構成する大きな要素といえる。

リーダーとは語るべき夢を持った、花も実もある人のことだ。

ただし、リーダーの夢はフォロワー（部下）が共感し、共有できるものでなければならない。共感し、共有できる夢とは、そこに正しい志と大義がある夢である。

志、大義について有名な言葉がある。

〝Boys Be Ambitious（少年よ、大志を抱け）〟だ。札幌農学校（現北海道大学）の初代教頭、ウイリアム・スミス・クラーク博士が退任する際に学生たちに贈った言葉である。Ambitiousは辞書には「野心」とあるが、さらに詳しく語源を調べると、「金や地位などの私利私欲のためでなく、名声などと呼ばれる空しいものでもない、人間として当然あるべき自分になるための大志」であることがわかる。

正しい大義と誤った大義

クラーク博士が生徒たちに遺した「少年よ、大志を抱け」には、こういう続きがある。「金や名誉のためではなく、名声などと呼ばれる卑しいものでもなく、人間として当然あるべき自分になるための大志を抱け」だ。

志・大義・夢は三位一体《さんみいったい》である。三位一体であるAMBITIONに、人は共感し、感動を共有できる。

だが、大義のみを追求していくと、ときに大きく道を外すことがある。

歴史を見れば、日本の大陸進出にも日本流の「大義」があったし、戦前のドイツにもドイツなりの大義はあった。ヒトラーの弁舌に人々は大義を感じたからこそ、ドイツ国民は選挙によってヒトラーを最高権力者とし、憲法に沿った存在と認めたのだ。だが、民族浄化の旗印の下に無辜《むき》のユダヤ人600万人を殺戮したヒトラーの〝大義〟は誤った大義である。大疑を感じざるを得ない。

リーダーが誤った大義と志を抱いても、多くの人びとはリーダーの夢に共感し、共有してしまう。だが、誤った大義で突き進んでいけば、いつかは必ず破滅に至る。リーダーは正しい大義を持たなければいけない。では、正しい大義を持つには何が必要か。それが第1章で述べたLIBERAL ARTS（教養）である。自分以外のすべてから学ぶことを止め、自己満足だけの偏狭さと頑迷さだけで大義を維持しようとすればヒトラーのドイツと同じ運命をたどりかねない。

「アメリカファースト」と唱えるばかりで他を顧みない、自己中心のエゴと損得勘定に固まったドナルド・トランプ大統領も誤った大義の持ち主であると断じざるを得ない。

一隅を照らすことも大義

元住友本社常務理事の田中良雄氏の「私の願い」という詩がある。

「一隅を照らすもので私はありたい
私の受け持つ一隅が
どんなに小さいみじめな
はかないものであっても
悪びれず
ひるまず
いつもほのかに
照らして行きたい」

短い詩ではあるが、ここには仕事に対する誇りと使命感がこもっている。誇りと使命感を持って仕事をしている人は、仕事の大きさや種類にかかわらず仕事に大義を感じている。大義が、会社を支える責任感の背景である。

会社とは夢で始まり、情熱で成長し、責任感で維持され、官僚化で衰退する。創業者の夢が会社の原点だ。会社は夢を起点に成長する。成長の原動力は情熱である。情熱を支えているのも、また夢の力だ。

そして、会社を維持するのは責任感である。責任とは顧客、社員とその家族、取引先、社会、そして株主からなるすべてのステークホルダー（利害関係者）に対するものだ。この責任感の後ろには大義がある。人は大義があるから頑張れる。疲れない。〝大義があれば大儀にならない〟のだ。会社を衰退させる官僚化とは、経営者と会社が夢を失って迷走した結果である。ゆめゆめ夢を失ってはいけない。

AMBITION

夢を実現する方程式

夢ある人は魅力的だが、その夢が実現に向かって進んでいなければ、ただのほら吹き、大風呂敷を広げただけの人という誹《そし》りを受けることになる。

　夢とは、わずかずつでも実現に向かって進んでいて、はじめて人々が共有できる夢となる。実現に向かって進んでいない夢は単なる夢であって、単なる夢では、夢見る夢子さんの夢であり、フォスターの曲にある〝ビューティフルドリーマー〟である。そこにいくら立派な大義があっても、どんなに高い志があっても、後についてくる人はだれもいない。人は、夢を語り、夢を実現する人についてくる。それは昔も、いまも、変わることがない人々の行動原理である。

　本田宗一郎氏の夢を信じて、社員がその後をついていったのは、ホンダがレース界で実績を上げ、二輪車、自動車の優れた品質が世界で認められたからだ。

　多くの人が、今では、孫正義氏の夢を単なるホラとは思わないのは、ソフトバンクが情報通信業界のリーディングカンパニーとして実績を挙げているからである。

　夢には共感できても、実現に向かって一歩も進んでいないようでは、フォロワーの期待は打ち砕かれ、散り散りになって雲散霧消してしまう。現にそういう企業は数多ある。

走ることができる前には歩けなくてはいけない

〝夢なき者に成功なし〟というのは吉田松陰の言葉である。

ただし、この言葉には流れがある。「夢なき者に理想なし、理想なき者に計画なし。計画なき者に実行なし。実行なき者に成功なし。故に、夢なき者に成功なし」と続く。夢があれば成功は担保されるとは、松陰も言っていないのだ。夢を実現させるには、計画と実行が必要である。

私は夢を実現させる方程式とは、次のようになると考えている。

〈目標＝夢＋時限設定＋行動計画〉

夢を夢のままにしておかないためには、夢に時限設定（締め切り）と行動計画を加えることだ。そうすると、そこには目標が生まれる。まず夢を目標に変換すること。それが、夢を実現させるための第一歩である。時限設定と行動計画のない夢は単なる願望であり、願望で成功した人はこの世にひとりもいない。

では夢を目標に変換できれば、夢の実現は確かなのか。夢を目標に変換したといっても、正しいプロセスを経なければ実現はおぼつかない。

どんな夢であっても、段階を追って実現に向かう。いきなり、遠大な目標に向かうことはできないのだ。英国には〝You must be able to walk before you can run.〟（走る前には歩けなくてはならない）ということわざがある。

何事にも踏むべきステップ、段取りがある。

富士山の頂上に立つためには、裾野から順に頂上を目指して登っていく。明日の朝、富士山で御来光を拝むためには、何時までに頂上に着いていなければならないか、そのためには前日までに何合目の小屋に入っていなければならないか。それが時限設定（締め切り）の付いた行動計画である。

ホンダはオートバイの世界的なレースで優勝し、その後、F1レースでも歴史に残る好成績を上げ続けたが、そのための研究開発費を稼いだのは、レースとは縁もゆかりもない実用バイクの50ccの「スーパーカブ」である。

本田宗一郎氏は、50ccでは世界一のバイクにはならないと、その生産を渋ったが、片腕の藤沢武夫氏が説得して販売にこぎつけた。「スーパーカブ」はベストセラーとなり、ホンダの財務体質は大きく改善した。

実用バイクの「50ccスーパーカブ」は、ホンダが世界一のレース用バイクをつくるために踏むべきステップだったのである。

ときには回り道を選ぶことも辞さない覚悟

夢を実現するためには、直接には夢とは無関係のことにも力を注がなくてはならない。

一直線に夢を追うことは心地よいが、それだけでは成功はおぼつかないのだ。

アメリカ合衆国の第16代大統領エイブラハム・リンカーンは、奴隷解放を定めた憲法修正第13条を議会で通すために、奴隷にも参政権を与えようという急進派を説得する必要があった。彼ら急進派にとっては、奴隷解放では道半ばの改正で不満がある。急進派がリンカーンの憲法修正案に賛成しなければ、修正案は否決だ。

ここで修正案が否決されれば、再び憲法修正のチャンスは訪れない。

このときリンカーンが急進派を説得したのは、「磁石に示すとおり一直線に進めば、途中で崖や沼に突き当たり進めない。回り道であっても、いま『解放』を成立させなければ、永遠に『参政権』まで到達できない」というものだった。

急進派が求めた「参政権」という走れる状態になる前に、まず「解放」という歩ける状態にする。満足できない前進でも、不満に耐えて前進を選択することも人間力である。

ACTION（行動力）

〝Knowing Doing Gap〟知っていることと行っていることの間のギャップ

「経営とは実行である」（GE元会長ラリー・ボシディ）。リーダーにとって、最も重要な資質は行動力である。いかなる教養も見識も行動に表れてこそ、その真価が発揮される。

カルロス・ゴーン氏は「会社の成功に対し計画の持つ重要性は5%、残りの95%は念入りな実行（Meticulous Execution）である」と行動の重要さを指摘している。どんなに素晴らしい計画を策定しても、実行が伴わなければ何の変化も起きない。

〝Knowing Doing Gap〟とは、知っていることと実際にやっていることの間には距離があるということだ。日本語では「知行合一《ちこうごういつ》」という言葉がある。知行合一の意味は、知っていることとやっていることが合致しているということだ。知行が不合一だと、「知って行わざるはすなわち知らざるなり」となる。
〝Knowing Doing Gap〟も、「知行合一」も、その言わんとするところは同じだ。人生もビジネスも、ヤッテナンボである。

行動力と人間力

リーダーの行動力とは胆識である。

高い見識、深い教養は行動に表れてはじめて生きる。したがってリーダーの人間力も、行動によって表れる。聡明才弁だけでは単なる評論家、深沈重厚であるだけでは、哲学者である。哲学者でも学究の成果を発表するという行動によって、はじめて哲学者として認められる。周囲の人々は、行動によってその人を知るのだ。

中国古代には、主君から王位を簒奪《さんだつ》した周の王を批判し「周の粟を食《は》まず」と、その後の一生を山に隠遁して生涯を終えた伯夷《はくい》、叔斎《しゅくせい》という文人がいる。孔子は彼らを「仁を求めて仁を得たり」と讃えた。

この話、一見美しく見えるが、いささか問題もある。リーダーの人間力は自己主張を貫き、余人に誇示するためのものではない。リーダーの後ろには常にフォロワー（部下）がいる。フォロワーを導き、全員で成果を上げるためにリーダーの人間力はあるのだ。人間力を隠遁生活で封印してはだれも幸せにはならない。行動力なしでは、フォロワーを不幸にするだけだ。隠遁という行動は、いわば負の行動であり正ではない。単なる逃げにしかすぎない〝Do or Die.〟（行動せよ、さもなければ死ね）という言葉の意味するところは重い。

ACTION

行動は成功を約束しないが行動しなければ成功はない

夢を実現させるには、「いついつまでに」という時限設定の付いた行動計画が必要と述べた。計画よりも行動であることも前述のとおりである。だが、行動の結果が、必ずしも計画どおりになるとは限らない。

むしろ、いつも計画どおりにいくような安易な計画では、夢の実現にはほど遠いのではないか。

夢を実現させるには、必ずどこかでチャレンジするときが来る。

行動計画の要素には、あるべき行動の習慣化という側面と、未体験ゾーンへのチャレンジという側面がある。

チャレンジなくして成功なし。チャレンジは成功に不可欠の要件だ。

しかし、チャレンジには失敗がつきまとう。失敗のリスクをとらないチャレンジはあり得ない。〝The greatest risk is not to take a risk.〟（最大のリスクとはリスクを冒さないことである）という言葉もある。夢を実現させるための行動力とは、失敗のリスクをあえて冒して、なおチャレンジする勇気のある行動だ。

勇気も、また、人間力を構成する大事な要素のひとつである。

外形的な行動は同じでも、リスクをとって、なお前進する人と、リスクに気づくことなく無鉄砲に前進を続ける人とでは大きな違いがある。

サントリーの創業者である鳥井信治郎氏は「やってみなはれ。やらなわからしまへんで」という名言を遺しているが、無鉄砲な行動を許しているわけではない。

事前の計算をした上で、タイミングがそれを必要とする場合は、リスクをとる覚悟を持って、腹をくくった上で「やってみなはれ」と言っているのである。

〝Cautious Optimism〟という言葉がある。「慎重な楽観主義」という意味である。私なりに翻訳すると「準備は用意周到に、実行は大胆に」となる。

無鉄砲と正しいチャレンジを分けるのは、リスクを知ることと、リスクヘッジを利かせた上で、あえてリスクをとる勇気である。

信用は信頼を得るためのステップ

リスクを知るには、そこに教養と見識と熟慮が要る。勇気を持ってチャレンジするには胆識が要る。この３つが伴わない行動力は、愚者の行動力である。勇気は勇気でも、ただの蛮勇にすぎない。

リーダーはフォロワー（部下）に信じられている存在である。フォロワーに信じられるためには実力と実績が必要だ。古代の戦いでは将は先頭に立って進んでいた。

兵隊は将の後ろ姿を見て、その後をついて行った。そのため、将は兵隊からよく見えるように、馬に乗り、旗印を掲げ、さらにマントのような目印を身につけていた。

兵隊としては、将に実績があればあるほど安心して付いていける。実績は信用を生むのだ。信用される将は実力のあるよきリーダーである。

しかし、兵隊は勝てると思っているからついて行っているので、敗色が濃くなればとたんに戦う気力を失い逃げ出す。そこには損得という計算が働いている。

信用とは、実力や実績に対するものだからである。"I trust you."である。

対して、信頼とは「全幅の信頼を置く」という言葉があるように、実力や実績を超えた全人格や人間性を信じるのだ。"I believe in you."である。

信頼は、人間力に依拠するものだから、利害得失に影響を受けない。

したがって、敗色濃厚となったときでも、信頼の厚い将の下には兵が留まる。

リーダーとは信用と信頼の厚い人である。信用のおけないリーダーはフォロワーを不幸にするし、信頼のないリーダーの後ろにはフォロワーが喜んで付いてこない。信頼は人間力からしか生まれない。

だが、人間力を身につけるためには時間という名の援軍が必要である。

まず信用を得て、それから信頼を得るというステップを経るしかない。

信用を得るには実績が必要だ。リーダーの実績とは有言実行の結果でなければならない。男は黙って……というのは、美徳ではあってもリーダーの基本動作ではない。

英語では、有言実行を〝Walk The Talk〟（言った通りに歩く「WTT」）という。これがリーダーの基本動作である。

リーダーはWTTに加盟し、間違ってもNATOに参加してはならない。

NATOとは北太平洋条約機構のことではない。〝No Action Talk Only〟（言うだけで行動しない）という有言不実行のことである。

ACTION

百聞は一見に如かず、百見は一考に如かず、百考は一行に如かず、百行は続行に如かず

前項でリーダーの行動は〝Walk The Talk（言ったとおりに歩く）〟、すなわち有言実行でなければいけないと述べた。みんなの前で宣言し、宣言したとおりに実行してこそ、リーダーはフォロワーから厚い信用を得ることができる。

結果を出すだけでは信頼には至らないが、信用もリーダーに不可欠な条件のひとつ

だ。いかに人間性に優れていても、信用がなくてはリーダーとしては失格である。信頼を得るためには、まず信用である。信用される人は、信用する人でもある。信用とは因数分解すると「人の言を用いる」ということだ。

しかし、有言実行と口で言うのは簡単だが、どうすれば言ったとおりに歩くことができるのか。人は概して有言不実行なものである。頭ではわかっていても、ついつい行動が疎かになるのが人間だ。

百聞は一見に如《し》かず、百見は一考に如かず、百考は一行に如かずという。この格言は、物を正しく識《し》る方法を説いたものである。いわば正しいインプットの仕方だ。ただ、インプットの正しさだけでは、行動の質は担保されない。

行動の質を決めるのは、「一行」ではなく「続行」だからである。

「能《よ》く云う者はあれども能く為す者は少く　能く為す者はあれども能く久しうする者は更に少くして人愈々敬を加ふるは至って稀に候」という言葉がある。

弁舌の立つ者はよくいるが、それを実行できる者は少ない。実行できる者はいても、それを継続できる（久しうする）者は少ない。弁舌が立ち、実行を継続できて、そこへさらにうやうやしさを漂わせる者に至っては極めて少ないということである。

行動は継続し、やがて習慣となることで行動の質が決まる。行動の質が上がれば、人間の質も上がる。〝Excellence is a thousand details.（卓越は千の詳細）〟という言葉があるが、エクセレンス（卓越）とは、実は一見細かい数多くの習慣の集積の産物である。

改善とは継続の結果

行動は習慣となって実力となる。たとえば、どんな企業でもその場限りの改善はできる。しかし、力のある企業が改善を実力と化することができるのに対し、力のない企業は改善を結果に生かすことができない。企業の力とは「当たり前のことを徹底的に継続する力」である。

そもそも力のない企業には現場に顕著な特徴がある。

現場に古びて汚れたスローガンが張られたまま放置されている。何も置かれていない場所に、置き場を示したプレートが残っている。明らかに使われていない工具や治《じ》具《ぐ》がある。これらは、かつて何度か行われた改善の名残だ。

それぞれ、そのときは改善に必要だった物、あるいは改善の痕跡である。

しかし、そのとき限りで終わっているため、現在は用途不明の物となっているのだ。

いっときでも改善しようとしたことは、これら遺物を見ればわかる。同時に、改善が継続しなかったこともこれらの遺物が如実に語っている。

力のない企業は、せっかくの改善を維持する習慣がない。

改善は一度でもやれば、それで改善は完全とカン違いをしている。改善とは継続して実行し、それが習慣となって定着したときにはじめて改善が成立したと言えるのだ。油断をすれば後退してしまうのが改善である。改善とは坂道を車を押して上るようなもので、途中で手を離せばたちどころに後戻りをはじめる。力のある企業は、このことがよくわかっているので、一度改善すればそれで完成などと、脇の甘いことは考えないのだ。

改善の本質とは「当たり前のことを徹底的に継続すること」である。

ISO取得よりも継続に名誉あり

継続が難しいのは、それが人間の本質に由来するからである。人はわかっていても行動しないことが多い。健康管理などはその最たるものと言えよう。身体によくないとわかっていてもつい夜更かしをするし、また深酒もする。現代人ほどダイエットに熱心な人々は歴史上でも類を見ない。それは、体重管理という行動が食欲により阻害されるからである。

20世紀の末には、生産管理の手法であるＩＳＯ９０００シリーズの認証取得を目指す企業が多かった。食品企業ではＨＡＣＣＰの認証取得が流行した。しかし、多くの企業では認証取得をもって満足し、以後、生産管理や食品衛生管理に独自の改善を続けているところは少ない。本来、業績アップが目的だったはずなのに、認証取得という名ばかりのゴールとなっていた。そうした中、ある中小食品加工会社はＩＳＯ、ＨＡＣＣＰには見向きもせずに、自社独自の改善活動をひたむきに続けた。活動は10年過ぎ、20年過ぎ、すでに30年になろうとしている。

30年間で製品不良率、異物混入率は30年前の１０００分の１に減り、納品先の社数は3倍、会社の業績は4倍に増えた。

ACTION

人間力を高める修羅場のすすめ

修羅場とは、難しい仕事や結果責任を問われる仕事を経験すること、それも複数の経験をすることだ。結果責任を問われる仕事とは、信賞必罰の対象となる仕事ということでもある。結果責任（アカウンタビリティ）を問われない仕事というのは、どんなに難しい仕事であっても修羅場とはいえない。

「駄目元でいいからやってみなさい」という仕事では、経験ではあっても修羅場とはいえないのだ。「困難ではあるが、必ず結果を出してくれ」と送り出す先が修羅場である。

修羅場にはもうひとつの側面がある。人間のエゴがむき出しになることだ。お互いの利害がぶつかるとき、人はエゴを丸出しにする。本性をさらけ出す。

修羅場とはそういう現場だ。

労使交渉がもつれたときや、相手の既得権益に触れなければ仕事が進まないときなど、人のエゴが抜き身となってギラギラと表れる局面がある。

中央省庁のキャリア官僚は、法案を立案するとき、法案に関係する他の役所や政治家と調整を図る。場合によっては、既得権益に踏み込むこともあるため、この調整は難航を極める。断られ、追い返されても、何度でも交渉に行くことは、それまでのエリート人生では経験しない。

しかし、それを乗り越えないと、官僚としての先はないのだ。

こうしたしんどい根回しを経験して結果を出した人が、局長、次官へと進んでいく。

稲盛和夫氏も松下幸之助氏も修羅場をくぐった

稲盛《いなもり》和夫氏は、京セラをつくったばかりの若い頃に労働争議という修羅場を体験している。誇りとやりがいのある仕事のためなら、寝食を惜しまなかった稲盛氏の行動に若い社員がついてこられなかったのだ。

社員には、自分と自分の家族の幸福が第一だ。彼らと徹夜で交渉するうち、稲盛氏は自分の夢だけでは会社は成長できない。社員の幸福も会社の追求する夢のひとつであることに思い至る。

最後は稲盛氏も、社員たちも泣いて互いの気持ちをひとつにした。

稲盛氏は、その後「アメーバ経営」という名称で、社員の幸福と会社と自分の夢を三位一体で目指す行動を継続している。

松下幸之助氏にも有名な「熱海会議」がある。

松下電器（現パナソニック）の全国代理店の社長を熱海に集めた会議は、松下の業績不振を打開することが議題だった。

代理店の努力不足を指摘する松下と、松下のやり方を疑問視する代理店社長の間で会議は紛糾した。会議はまとまらず最終日を迎える。そのとき松下幸之助氏は「松下が悪かった」と涙ながらに代理店の社長たちに詫びた。

この一言で松下と代理店は再びひとつにまとまったのである。

松下幸之助氏は、熱海会議の後、全国津々浦々の代理店をすべて行脚《あんぎゃ》して回った。

両氏は「言ったとおりに歩いた」のである。

修羅場をくぐって人ははじめて人間力を手に入れる。

では、人間力とは具体的にどんなものなのか。人間力を具体的に言い尽くすことは難しいが、私が私なりにつくった人間力の評価表がある。

図表●人間力評価表

診察	5＝極めて満足 1＝極めて不満足
1．高度の機能的・専門的能力(知識・スキル)を有しているが、現在のレベルに満足せず、知識・スキルを高める努力を常にしている。	「1－2－3－4－5」
2．常に「自責」で「肯定的」にものを考えている。	「1－2－3－4－5」
3．難しい仕事に背を向けない。困難には積極的にチャレンジする方である	「1－2－3－4－5」
4．行うべき仕事は途中で諦めず、正しいプロセスを経ることにより最後まで完遂して「結果」を出す。	「1－2－3－4－5」
5．部分最適に留まらず、全体最適で考え行動することができる	「1－2－3－4－5」
6．短期・長期の納得目標を設定し追求し続けている。	「1－2－3－4－5」
7．変化に積極的に立ち向い、変化をクリエイトするマインド(意欲)とスキル(能力)がある。	「1－2－3－4－5」
8．方向性(理念・目標・戦略)を説得性と納得性高くコミュニケートすることにより、人の心に火を付け、“やらねばならぬからやる”(強制動機)ではなく、“やりたいからやる”(内燃動機)を醸成できる。	「1－2－3－4－5」
9．人からの信望・人望が厚い。	「1－2－3－4－5」
10．部下を人財として育成することにより企業の継栄(継続的栄光)に貢献している。	「1－2－3－4－5」
合計点	

診断	
合計点	今日の私は
41 ～ 50 31 ～ 40 21 ～ 30 20 以下	

対策		
“自分の人間力(スキルマインド)”を高めるための優先事項		
何を行うか(WHAT)	どのように行うか(HOW)	いつ・いつまでに行うか(WHEN)
1.		
2.		
3.		

この評価表を使って、自分の人間力を評価し、足りない部分を改善する努力を年中くり返すことにより、自分の人間力は着実に高まってくる。「自分の人生に責任を持つ」という人である。自分に責任を課さない人が会社に責任を果たすことはありえない。

第4章

権限委譲
決断力

▶人を育てるのに最も効果的な方法は任せることである

▶トップは衆議独裁者であれ

LEADERSHIP

DELEGATION／権限委譲

DECISION／決断力

DELEGATION（権限委譲）

中小企業が伸び悩む原因

「魚は頭から腐る」と述べたが、裏を返せば「魚は頭から光る」でもある。

社長が有能で、社員を叱咤激励すれば会社は伸びる。年商10億、20億の会社にはなる。もし、社長がとび抜けて力のある人なら、ひとりの力でも50億に届くかもしれない。

だが、ひとりの力には自ずから限界がある。社長ひとりの力だけで1000億を超える会社にすることは不可能だ。ひとりのアウトプットより、10人のほうが大きい。社長ひとりが100人の社員を使って出す結果（1×100）よりも、10人の社員に目一杯仕事を任せて出す結果（1×10×100）のほうが大きいことは明白だ。

「頭は自分だけでいい、社員には手足があればいい」と言ったのは、アメリカの自動車会社フォードの創業者ヘンリー・フォード1世だが、この考え方では1×100の出力しか期待できない。現代は、フォードが大衆車を目指して、フォードシステムという流れ作業を考案した時代とは、産業の規模も働く人の質も大きく違う。

会社は社長の器以上にはならない。社長に器《うつわ》がないと、会社の中にトラブルやもめごとが多発する。これを〝ウツワ採め〟という。

会社の大きさは社長の器で決まる。器を構成する要素は、社長の仕事力だけではない。人を使う力も器を構成する大きな要素だ。人を使う力とは、人間力に由来する。

多くの中小企業が伸び悩むのは、もっぱら社長の人間力不足に原因がある。人間力の中でも、とりわけ人に任せる力が欠けていることが多いというのが、私の体験的実感である。

天下は人に任せる力で取る

始皇帝亡き後、混乱に陥った中国に再び統一王朝を建てたのは漢の劉邦《りゅうほう》だ。この劉邦と最後まで覇を争ったのが楚の項羽《こうう》である。項羽と劉邦では、その実力、家柄、名声、実績、どれをとっても項羽がはるかに上だった。しかし、項羽はあまりにもずば抜けた才能の持ち主だったため、人に任せるということが終生できなかった。

人に任せることができない人間に、人を使うことはできない。

項羽の周囲にも、その実力と名声を見込んで集まった優秀な人財はいたが、項羽は人の意見に耳を貸さないため、側近の人財はひとり去り、ふたり去りといなくなってしまった。側近の中で特に秀でていた軍師、范増《はんぞう》が去るときに残した嘆きの言葉「豎《じゅ》子《し》、ともに謀るに足らず（未熟なものとは相談しても仕方がない）」は心に響《ひび》く。

范増は、後に禍根を残さないために劉邦を殺すよう項羽に進言したが、項羽は劉邦を軽く見て、わざわざ殺すほどの者ではないと范増の意見を退けた。このとき、范増が失望し口にしたのがこの言葉だと言われている。

一方、劉邦はいくさには弱く、家柄もはっきりとしない。個人的な力量では項羽の足元にも及ばない。だが、劉邦の下には軍師に張良《ちょうりょう》、行政に簫何《しょうか》、将軍に韓信《かんしん》という傑出した人財がいた。劉邦は、配下の人財にそれぞれの役目を任せることで、彼らを使いこなした。その結果が漢王朝の樹立である。実力抜群の項羽ではなく、劉邦の手に天下が落ちたことは、人に任せる力の大きさを物語っている。

人は任せれば伸びる

会社の成長とは人の成長の結果である。ピーター・ドラッカーは「人を育てるのに最も効果的な方法は任せることである」と喝破している。

〝Delegation is creativity. Creativity is productivity.（権限移譲とは創造性であり、創造性とは生産性である）〟という言葉が、私がかつて日本法人の社長を務めたジョンソン・エンド・ジョンソン米総本社にある。権限移譲、すなわち任せることは生産性を上げることに他ならない。

ビジネス・パーソンは仕事を任されて伸びる。任されることで人は成長するのだ。人が成長すれば、会社も成長する。人の成長とは、会社の成長に貢献するのみならず、会社が持続するためには必須の力でもある。近年、日本の企業も外部から社長を招聘するケースが目立つが、１００年以上続く会社のほとんどは、代々生え抜きの社長が経営のバトンを受け継いでいる。後継者が育たない会社は持続的に繁栄できない。〝Going Concern（継続する組織）〟にはなり得ない。したがって、人が成長しない会社は一代限りで終わってしまうことになる。「売り家と唐様《からよう》で書く三代目」という羽目になる。

いかなる創業社長も、自分自身が生みの親である会社を一代で終わらせようとは考えていないはずだ。だが、人に任せる器のない社長では、結局、後継者を育てることはできない。そして後継者は任せない限り育たない。後継者は社長の仕事を任せられて、はじめて社長の見ている景色を見る。同じ場所を見ていても、社員と社長では景色が異なるのだ。これは、その立場に立ってみない限りわからない。

DELEGATION

任せられない（器がない）5つの理由

任せることが人を育てるために大切である、ということは誰でもわかる（はずの）ことだ。だが、現実には世の中の多くの企業のトップが社員に仕事を任せていないことも事実である。

なぜ任せられないのか。社長に任せるだけの器がないというのもひとつの事実だが、それだけですべてを片づけることはできない。

社長が部下に任せられない理由を大別すると、そもそも任せる気がない、任せたいとは思っているが、任せられないに分類されるというのが私の見立てである。この2種類を、さらに分類していくと次の5つになる。

〈そもそも任せる気がない〉

1　任せることの重要性を認識していない

2　部下を信用していない

3　自分の能力を過信している

4　正しい任せ方を知らない

5　自分に自信がない

1の「任せることの重要性を認識していない」という人は、先述した〈1×100〉と〈1×10×100〉の違いを理解していない人だ。会社の未来をイメージしてみてもらいたい。会社の未来とは、自分が会社を去った後のことだ。

いかなる人の命も有限である。

しかし、会社の命は正しい経営を続けていれば、よほどの天変地異でも起こらない限り、未来永劫続くことができる。自分が去った後でも、会社は繁栄を続けてほしいと考えない社長は滅多にいない。そのためには、会社の未来を託す後継者が必要だ。だが、後継者が育つには時間と経験と何度かの失敗や挫折が必要である。

任せられなければ見えない世界がある

同じ会社にいて、同じ職場を見ていても、社長と社長以外では、見える景色が違う。見える景色だけではない。社長と社長以外では立っている場所が違う。

地位やポジションが違うという意味だけでなく、文字通り立っている場所が違うのだ。社長が立っている場所は、いったん崩れれば奈落の底まで転落する。

一方、社長以外の人々は、たとえば副社長であっても、足下が崩れたら別の足場に移れば済む。

「社長と副社長の間の距離は、副社長と運転手の間の距離より長い」という名言もある。副社長には、行き詰まったときに〝助けてくれ！〟と頼りにする社長という存在があるが、社長は最終責任（アカウンタビリティ）を負う立場についているため、頼れる人がいない。孤独である。

真実、死ぬまで会社と運命共同体なのは、唯一社長だけだ。

社長と社長以外では、これほど「立場」が違う。立場が違えば、同じ風景でも違った景色に見えるのは当然である。

この社長だけが背負う緊張感、緊迫感は、経験しなければわからない。

後継者は社長の仕事の一部を任せられて、はじめて社長の背負う荷物の重さと質を知り、社長の立つ足場の怖さを感じる。そうして社長の覚悟の大きさと深さを知り、社長の見ていた景色がうっすらと見えてくるのだ。

会社を持続的に繁栄させるためには、後継者に修羅場を任せて自ら育つ道を歩ませる以外にない。

正しい任せ方を知っておこう

２の「部下を信用していない」というのは、身もふたもないように見える。

だが、中小企業の社長は口ぐせのように「うちには人財がいない」と言う。だが、正しくは「人財がいない」ではなく、「人財を育てていない」である。

任せられるような人財がいないというのは、おそらく現実なのであろう。だが、部下に任せることを避けて会社の成長は期待できない。社員を信じないというのは、種を播かずに花が咲かない、実がならないと嘆いているようなものだ。種は播いた翌日に芽が出るわけではない。人も植物も育つには時間がかかる。だが、時間はマイナス要因ではない。人財育成においては、時間はパートナーと心得るべきだ。

3の「自分の能力を過信している」社長は、次の言葉を噛みしめてみるとよい。

人は自分の能力は最低4割増し、他人の能力は最低4割引きで評価するという。自分の能力とは、自分が思っているほど高いものではない。反対に、部下の能力は、上が思っているほど低くはない。上下4割ずつ、合計8割、この差はとてつもなく大きい！

4の「正しい任せ方を知らない」という人は学べばよい。何を学ぶべきか。ひとつは忍耐だ。〝船長は血が出るほど唇を噛む〟という言葉がイギリス海軍にある。任せるということは、任せた上司にとっては忍耐の連続である。しかし、耐え切れず口を出せば、その瞬間に任せた意味がなくなる。

もうひとつ任せる上で大事なことがある。それは事前の瀬踏み（事前の評価）である。いわば人を見て任せる仕事や任せる程度を選べということだ。人によっては、任せられた仕事の重圧でつぶれてしまう人もいる。

彼には何をどれだけ任せたら大丈夫か、あらかじめの瀬踏み（事前の評価）をしておくことが、任せる側に求められる基本動作である。

最後の骨はオレが拾ってやる

５の「自分に自信がない」という人は、任せるべき適任者を選べる自信がない、部下に任せても黙って見ている自信がないということである。

あるいは、自分ができないようなことを部下に任せたのでは安心できない、ということもある。

任せるべき適任者を選ぶことができないというのは、事前の瀬踏み（事前の評価）の基準ができていないことに原因の多くがある。

瀬踏みの基準を明らかにするには、任せるべき仕事を棚卸しして、遂行するために必要なスキルとマインドのレベルを設定してみることだ。

自分でもできないような仕事を部下に任せられるだろうかと不安に思う場合は、会社とチームとは足らざるを補い合う集団であることを再認識すべきだ。

社長にできないことでも、できる部下がいれば任せればよい。スキルのある者にはスキルに応じた仕事を任せればよいのである。社長が絶対に部下に譲ってはいけないのは、理念と戦略の決定と、我が社が求める人財像の決定だ。戦術や行動計画は現場に任せてよいし、任せるべきである。

そして、任せた以上は、たとえ失敗しても最後の骨はオレが拾ってやるという気迫と覚悟で部下を送り出してやらねばならない。

それこそが社長の人間力である。

DELEGATION

任せるに関する認識のずれ（パーセプション・ギャップ）

上司はほめたつもりでも、若い部下はほめられた気がしない。よくある職場の出来事だ。背景には世代間の価値観のずれ、男女間の感覚のずれなどがある。コミュニケーションの原則から見れば、ほめたことが相手に伝わっていない状態は、ほめる側のコミュニケーションスキルに問題がある。

わかりやすく言えば、ほめたつもりがほめていないということだ。

あくまで一般論だが、男性は結果をほめ、女性はプロセスをほめよと言う。したがってほめ言葉としては、男性には「よくやった！」と結果を称賛し、女性には「よくがんばっているね」とプロセスをねぎらうのである。

必ずしも性別で使い分けることが正しいとは限らない（中には男性的な女性がいるし、女性的な男性もいる）が、結果をほめてほしい男性にとっては「よくがんばったな」では、やはり物足りないのである。

権限移譲を委譲する側とされる側から見たときには、性別にかかわらず、任せる側が思うほどには、任せられる側は「任せられた」とは思わない。90％の部下は、上司に対して「任せると言ったのにちっとも任されていない」と思っている。

部下は、任せられた以上、とことん自分の思うとおりに仕事をしたいと考えるが、上司はあくまでも自分の掌の上でやってもらわないと困ると考えている。

こうした認識のギャップが生じると、上司と部下の信頼関係にひびが入るだけでなく、肝心の生産性も、部下がガッカリした分だけ低下してしまう。

認識のギャップを生じさせないためには、あらかじめ部下に任せる範囲を定めておき、お互い同じ評価基準を共有しておくべきである。共有認識の範囲内のことに対しては、よほどの事態にならない限り上司から口出しはしない。この原則を徹底すべきだ。

権限委譲の3つのメリット

任せることには、次の3つのメリットがある。

1．人が育つ

2．社長として行うべき仕事に専念する時間ができる

3．新しい事業の創造ができる

任せることで人が育つことは、本書で再三述べてきたとおりである。2の「時間ができる」というのも簡単な話だ。社長の仕事の一部を部下に任せることができれば、社長の時間に余裕ができる。余裕ができれば、社長にとって最も重要な、新しい事業の構想もできるし、いままで忙しくて見直すことができなかった問題についても取り組むことができる。

社長に余裕ができて社長の仕事の質が上がれば、当然、会社の質も上がる。任せることによって、社員の質が上がり、社長の質が上がり、会社の質が上がるのだから、任せることのメリットは最終的に会社の業績向上へとつながるのだ。

任せることのメリットは、いまの会社の業績向上だけではない。

3の「新しい事業の創造」とは、会社にとって「未来の資産づくり」である。任せることのメリットとは、現在と未来に対するメリットということができる。

権限は委譲しても権威は委譲してはならない

権限委譲といっても、すべての権限を委譲してよいということではない。

社長の権限には委譲してよい権限と、委譲してはいけない権限がある。

次ページの図のように権限には、委譲可能と委譲不可があるが、社長にはもうひとつ委譲できないものがある。それは権威だ。権限は部分的に委譲できても権威は委譲できない。権威とは人格そのものだからである。

ある部品メーカーが、新社長の代になって取引条件を一律に改めた。ところが古く

図表●委譲可能な権限と委譲不可の権限

社長が委譲すべきことと委譲してはいけないこと	
委譲可	委譲不可
戦術 実行計画 進捗管理 ⋮ 実行確認 部門（個人）結果責任	企業の方向性 （理念　目標　戦略） 求める人材像 ⋮ 最終結果責任

からの取引先は一律の条件に反発し、メーカーとトラブルになった。

結局、メーカーは取引条件を元に戻すことにしたのだが、それでも古くからの取引先社長たちの怒りは収まらない。新社長は取引先に頭を下げて回ったが、まったく取り合ってもらえなかった。

新社長は困って途方に暮れ、そしてついに先代社長（現会長）に泣きついた。

会長がいっしょに行くだけで相手の態度はがらりと変わった。取引先の社長たちは、会長が頭を下げると「今回のことは水に流そう」と寛大になった。

そうして一時は会社の経営危機の恐れ

さえあったトラブルは、あっけないほど簡単に終息に向かった。

会長と古い取引先の社長たちとは、お互い会社は違っていても、いっしょになっていまの業界を盛り立ててきた仲間である。

会長は彼らの中の中心人物でもあった。実力、人望ともに優れ、周囲が認めるリーダーだったのである。

新社長は会長から権限は委譲された。だからこそ、社長の一方的な判断で取引先の条件を一律にするという方針を設定できたのである。

だが、会長の持つ権威は譲り受けることはできなかった。会長の持つ権威は、会長の持つ人間性や実績によって築かれた属人的なものだからである。本物の権威とは、人間力そのものなのである。

のれんやブランドは継承することができても、権威を継承することはできない。これればかりはいくら親子でも不可能だ。

権威という人間力は、人から譲られるものではなく、自ら築き上げるしか術《すべ》はない。

早期に社長の座を譲ることで、会長は新社長に権威を築き上げる時間を与えたのである。

D E L E G A T I O N

権限委譲を超えたエンパワーメント

部下に任せる上で大事なのは、一度任せたら任せ切るということだ。具体的には途中で口出しをしないこと、突発的、発作的に報告を求めることも厳に慎むべきである。任せた以上は黙って見ていることが基本だが、部下に守らせなければいけないこともある。無論、守らせるべきことは、あらかじめ共有していることが前提だが、それでも先述したとおり認識に齟齬《そご》がある場合もないわけではない。

では、守らせるべきこととは何か。

企業理念、目標、戦略から成る、企業の「方向性」である。これらは、社長の専権事項だ。どんなに優秀な社員であっても、この点について違反するような行動をとることを許してはならない。

そのために必要となるのが、次の公式である。

権限委譲（デリゲーション）＋コーチング＝エンパワーメント

コーチングとは、細かなやり方について手取り足取り口を出すことではない。詳細（ディテール）な仕事は任せておけばよいのだ。コーチングとは、任された部下が誤った方向へ進まないように助言し、方針を指導することである。

行動は志によって決まる。

「こころざし」とは心が指す方向だ。心が指す方向が間違っていれば、どんなに力のある人間であろうと、優秀な才能を持っている人間であろうと、誤った結果しか得られない。物事には志が大事なのである。企業理念が志だ。

行動を結果で評価するのは容易だが、結果だけで判断するのは結果論にすぎない。まだ結果の出ない段階で行動の是非を判断するには、企業理念と、そこから導き出された方針、戦略に従っているか否かが基準である。

コーチングとは、企業理念や方針に反した判断や行動をとらないように、戦略に反したことをやらないように部下に助言、指示を与えることだ。

やりかたに口を出すな

コーチングでコーチすべきは、大道を外さないことである。それ以外の細かなことは任せてよい。それが任せるときの心得だ。

シアトルに本部を置く百貨店チェーン「ノードストローム」は、全米最大の百貨店チェーンである。ノードストロームには、店では売っていないタイヤの返品を受け付け、店にチケットを忘れたお客さまの後を空港までタクシーで追いかけ、店に在庫のなかったお客さまの求める品を他店から購入したという（多分本当の）伝説がある。

伝説の多くは事実だが、同社が社員にそういう教育を行っているわけではない。ノードストロームの一番の目標は「お客さまに格段のサービスを提供する」ことであり、規則は「どのような場面でも判断力を有効に活用」することだけだ。

このふたつを現場の人たちが、どんな場面で、どんな行動によって実現するかは現場に任されている。

つまり、販売していないタイヤの返品に応じたのも、お客の忘れ物をわざわざタクシーを使って届けたのも、店に置いていなかったお客の求める品を他店に行って購入し、お客さまの要求に応えたのも現場が判断し実行したことだ。

現場の社員が守るべきは、ひとつの目標とひとつのルールだけである。やり方には決まりはない。すべて現場に任されている。ただし、やり方が任されている以上、やった結果についての責任は生じる。お客の忘れ物を届けるためにいくらタクシー代を使ってもいいが、それ以上の売上を上げることが現場の責任である。この点では同社に妥協はない。

DECISION（決断力）

経営者は衆議独裁者(Democratic Autocrat)である

社長とは決める人である。

経営は民主主義であってはならない。民主主義の原則とは多数決で物事を決定することだ。企業経営とは衆議を尽くした上で、最後は社長が決定する。どんなに優秀な部下がいたとしても、最後の決定は社長の意思で行われなければならない。民主主義は、ひとつ間違うと「衆愚政治」と化する危険がある。大衆は賢明である反面愚鈍でもあるのだ。

集団による意思決定には「グループシンク」（集団浅慮）という大きなマイナスが働きがちである。

「大衆を指導しようと思う者は、当然、大衆に指導されることを拒否しなければならない」（マハトマ・ガンジー）

「大衆の声、それはいくら集まっても騒音になるばかりで音楽にはならない」（トーマス・マン）

企業経営が多数決で決められるのであれば、社長は要らない。

最後は社長が決める。これが経営の原理原則である。この原理原則から言えば、決められない社長は、社長ではないということになる。したがって社長とは決める人なのである。

だが、決めるという行為は、そこから後ろがないということだ。

社員の上には上司がいる。上司の上には取締役がいる。取締役の上には専務・副社長がいる。専務・副社長の上には社長がいる。

しかし、社長の上にはだれもいない。後ろにだれもいないという不安感と孤独感は、経験した者でないとわからない。社長は、不安感と孤独感を乗り越えて、独りで意思を決めなければならない。独りで裁定を下すから「独裁者」なのである。

ただし、「独裁」の前には衆議を尽くすこと。このプロセスがあると、経営者はどこかの国のような独裁者とはならない。衆議とは、あらゆる人の意見を立場を超えて傾聴することである。意見を抑えてはならない。意見に耳をふさいでもならない。

しかし、最後は独りで決めるのが社長である。社長は「衆議独裁者」でなければならない。

決め方の作法

決め方にもよい決め方と、悪い決め方がある。最も悪い決め方とは、そもそも決めることができないということだ。次によくないのは、決めるまでにダラダラと時間をかけることである。「会議は踊る」であり「小田原評定《ひょうじょう》」である。〝時は金なり〟とはベンジャミン・フランクリンの言葉だが、社長の意思決定の遅れは、ときに企業の命とりになることがある。

したがって、経営の世界では「時は命」なのだ。ビジネスでは、拙速は巧遅に勝るという鉄則がある。「行先者利得」という。

素早い意思決定は、仮にそれが誤っていたとしても、直ちに修正すれば大けがにならずに済む。しかし、決定が遅かった上に、それが誤っていた場合は出血多量で手遅れとなる。〝遅れなば梅も桜に劣るらむ〟という。世の中には、後れをとることが致命傷となることは少なくない。文字通り〝手遅れ〟である。

その日に生じた課題（問題）はその日のうちに処理するのがベスト、その週に生じた課題（問題）はその週に処理するのが次善だ。処理とは意思決定である。

優柔不断は、小さな課題を深刻な問題に拡大させる。

したがって社長やリーダーは朝令暮改を恐れてはいけない。朝令暮改を恥とためらって、会社を窮地に追い込むようなことは本末転倒である。むしろ、朝令暮改は大いにやるべしと心得るべきである。なぜならば朝令暮改とは、状況に柔軟に対応して、その日に生じた課題（問題）をその日のうちに処理することに他ならないからだ。

意思決定の命はスピード、決定を改めるのもスピードが命である。

「六日の菖蒲《あやめ》、十日の菊」という言葉がある。決定をダラダラと小田原評定で延ばすと、チャンスという名のバスは〝サヨナラ、サヨナラ〟と去ってしまう。

リスクをとって決める覚悟と勇気

決め方の作法で、スピードとともに肝心なことがもうひとつある。それはリスクを明確にして、なおリスクをとるということだ。

決めるという意味は同じでも決定と決断では意味も重さも異なる。決定は人間力がなくてもできるが、決断には人間力が必要だ。決定とは数字やデータの裏付けが十分にあり、複数の選択肢の中から相対的に優れた手段を選ぶことである。

一方、決断には十分な情報はない。せいぜい70％ちょっと、下手をすると60％くらいしかそろっていない。情報が不十分であるために決断には、常にリスクが伴う。決断とは、リスクをとって決めることだ。決定とは人間の首から上の作品であるのに対し、決断とは全身全霊（知・情・意）からのアクションである。的確な状況判断と、死をも覚悟した勇気である。

孫正義氏がグループの一社が経営危機に直面したとき、部下がいくつかの選択肢を用意して孫氏の自宅へやって来た。選択肢には、それぞれ効果とリスクが明記されていた。

そのとき孫氏が選んだものは、リスク最小の選択肢ではなく、期待効果が最大と考えられる方法であった。リスクがあることは前提だが、リスクばかりに目がいくと、肝心の目的が見えなくなる。リスクを恐れず、最も目的にかなった方法を選んだのが孫氏の決断の力である。孫氏が結論に至るまでに費やした時間は、小一時間ほどだったという。ただし、小一時間のほとんどは複数の選択肢の効果とリスクについて部下が説明していた時間である。決断には数分もかかっていない。決断もスピードが命である。

すべてを計算し尽くして決断するというのは常人には困難だ。では、どうすればよいか。私は決定、決断は昔もいまも70点主義でやっている。30%のあいまいさや疑問点、不安は残したままで決めるのだ。判断の正しさも70%以上を求めない。

70点では不安と感じる人もいるだろう。だが、80点、90点と決断の精度を上げていけばそれだけ時間がかかることになる。どんなに時間を費やしても、人は神ではない以上、パーフェクトは不可能だ。英語には〝Analysis Paralysis（分析に時間をかけているうちに組織はマヒ状態に陥る）〟という皮肉な（だが正しい）言葉がある。

徒《いたずら》に100点を追い求めても必ず何十%かのリスクは残る。その上、時間をかけることで手遅れになるリスクまで高めることになる。70点であっても、優柔不断の罠に嵌《はま》るよりは、はるかにましだ。経営者は70点主義の決断者でなければならない。

第5章

倫理観
起業家精神

▶ 真のコンプライアンスは「法徳遵守」である
▶ 将来の成功を妨げる最大の敵は過去の成功である

LEADERSHIP

ETHICS／倫理観
ENTREPRENEURSHIP／起業家精神

真のコンプライアンスは「法徳遵守」である

「経営者に求められる最も重要な資質は、平均を上回るインテリジェンス（知性）と極度に高い倫理観である」。これは、私が日本法人の社長を務めていた、ジョンソン・エンド・ジョンソンアメリカ総本社の元CEOジェームズ・バーク氏から学んだ言葉である。

企業における倫理性というとコンプライアンス（Compliance）が思い浮かぶ。コンプライアンスとは、日本では「法令遵守《じゅんしゅ》」と訳されている。だが、法令遵守とは企業の行動規範としては最低ラインだ。法律に抵触するようなこと、極端に言えば牢屋に入るような悪いことをしてはいけないという最低ラインである。規模の大小にかかわらず、一流の企業たらんとするならば最低ラインに甘んじてはいけない。

コンプライアンスの本質とは、バーク氏の言う「極度に高い倫理観」だ。したがって、コンプライアンスの正しい日本語は「法徳遵守」でなければならない。

２０１６年春、「パナマ文書」の存在が明らかになった。パナマ文書とは、「タックスヘイブン」利用者のリストと膨大な金融取引のデータである。「国際調査報道ジャーナリスト連合」が入手し公表した。

タックスヘイブン（Heavenではなく Haven）とは、企業の本社、あるいは子会社を法人税の著しく安い（または無税の）国に登記し税金逃れをすることである。厳密に言うと、ギリギリの法律違反でないかもしれないが、何となく怪し気な薄汚い感じがする。談合しかり、賄賂、リベートしかり、袖の下しかり、会社の金を使った社内接待しかり、ダラダラと続いているモリカケ問題における忖度《そんたく》しかり。

税金を払わない企業はタダ乗り企業

グローバル企業の場合、相手の国の企業との取引上タックスヘイブンに会社をつくることもあり、タックスヘイブンの地に会社を登記することは、税金逃れのためとは言えない場合もある。だが、明らかに税金逃れのケースも少なくない。

企業活動を行うためには、道路や橋など社会インフラの整備が不可欠だ。社会インフラの原資は税金である。みんながせっせと払った税金でつくったインフラを、税金を払っていない企業はタダで使っていることになる。一種の詐欺行為であり、泥棒行為である。

それも、払えるにもかかわらず、払っていないのだから悪質である。

密かに税金逃れを目的に、タックスヘイブンを利用しても違法とされないケースは多い。違法ではないが、みんなの税金でつくったインフラをタダで使うことは誉められた話ではない。日本で日本人を相手に、日本のインフラを最大限利用して事業をしている会社が、負担を応分に負わないというのは、合法ではあっても倫理には反している。

日本の全法人340万社の中で80％は税金を納めていないという。国に対する義務と責任を果たしていない。昭和の時代には、大企業のオーナーでも税金を払わない経営者で有名だった人もいた。利益があっても、さまざまな、一見合法的な手段で利益を圧縮し税金がかからないようにした。驚くべきことに昭和50年代から60年代、ビジネス系の雑誌や書籍の多くは、このオーナーの経営手法を称賛する文脈で語っていた。

倫理観に乏しい企業は亡びるのが定め

昭和の時代と異なり、現代の社会が企業を見る目は厳しい。昭和という時代は、日本が敗戦から高度経済成長を遂げたよき時代であったが、企業経営者の倫理観という点では遅れていた時代でもある。それいけドンドンという弱肉強食の競争の時代である。

平成も終わり、さらに新しい時代へ向かう現代、昭和の時代の経営を続けていては企業は生き残れない。そして企業の行動は社長によって決まる。社長が高い倫理観を背景に企業を経営すれば企業の行動も倫理的なものとなり、社長に倫理性を疎《うと》んじるところがあれば、企業はどんなに成長をしていてもどこかで不祥事によって転げてしまう。

本来、人は得と徳を求める動物である。人は利益という得を求めるのと同様に、本能的に徳を求める欲がある。小人、愚者、豎子《じゅし》は自分の心には得しかないが、他人には徳を求める。特に企業や役所、立場のある人には高い徳を求めたがる。したがって、徳のない企業や経営者は社会的に生き続けられない。

先の法令回避型の大企業オーナーも例外ではなかった。

法律を守るだけでなく、法律の背景にある倫理性、人の道を遵守することが真のコンプライアンスである。すなわち企業が「徳のある行動」をとることがコンプライアンスに直結する。企業が「徳のある行動」をとるためには、再三指摘しているように社長の行動が徳を背景にしたものでなければいけない。江戸時代は、支配層である武家社会の倫理観は、ある面で現代の日本人よりもステージが高かったところがある。明治、昭和、平成と時代が下るにしたがい、日本人の倫理観はテクノロジーの変化の波に洗われ変貌する。有徳よりも、有才を尊しとする。だが、人は本心では徳を求める動物である。企業が永続的に発展し続けるには、人間が本質的に持っている「有徳」の欲求に応えなければならない。ゆえに企業にもリーダーにも、徳が必要なのである。

「徳は得を招く」のだ。

ETHICS

右手に算盤、左手に論語

武士には武士道があり、商人には商人道がある。同様に、企業家には企業家の修める道があると言ったのが、本書ですでに登場している明治日本の代表的な企業家、渋沢栄一である。

改めて渋沢栄一について紹介すると、彼は日本に民間の産業を興すことの必要性を覚え大蔵省を退官、第一国立銀行（現みずほ銀行）の頭取に就任した。

その後、東京瓦斯《がす》、東京海上火災保険、王子製紙（現王子製紙・日本製紙）、秩父セメント（現太平洋セメント）、帝国ホテル、秩父鉄道、京阪電鉄、東京証券取引所、キリンビール、サッポロビール、東洋紡績、大日本製糖、明治製糖など多くの企業の設立に関わった。

地方銀行の設立指導もしており、興した企業の総数は500社以上といわれる。

渋沢の思想は「道徳経済合一説」といわれ、彼の著書『論語と算盤《そろばん》』によく表れている。卑近な表現で言えば、金儲けと道徳を両立させる道ということである。金儲けが下手では企業がつぶれてしまう。さりとて、金儲けだけに走れば、企業が存在する価値がない。

より大きな利を求めるのが企業家の精神

作家レイモンド・チャンドラーは代表作『プレイバック』の中で、「男は強くなければ生きていけない。優しくなければ生きている資格がない」と言っている。

これを、私なりに言い換えると「企業は儲けなければ生きていけない。役に立たねば生きている資格がない」となる。

渋沢は、金儲けを算盤勘定に譬《たと》え、道徳論を江戸時代の武士の教科書である『論語』に見出した。「富をなす根源は何かと言えば仁義道徳。正しい道理の富でなければ、その富は完全に永続することができぬ」

道徳から遠く乖離《かいり》しているような商才は、到底、真の商才ではない。渋沢は次のように言っている

「ことがらに対し如何にせば道理にかなうかをまず考え、しかしてその道理にかなったやり方をすれば国家社会の利益となるかを考え、さらにかくすれば自己のためにもなるかと考える。そう考えてみたとき、もしそれが自己のためにはならぬが、道理にもかなない、国家社会をも利益するということなら、余は断然自己を捨てて、道理のあるところに従うつもりである」

財を成すと道を成すはひとつである

君子のような立派な人であっても、財を成すことは求める。しかし、そこには自ずと正しい道がある。

財を成すためには手段を選ばずということはあり得ない。

これが「君子財を愛す、これを取るに道有り」（禅書『無尽灯論』の一節）ということである。この一節を座右の銘としていたのが、住友本社2代目総理事の伊庭貞剛《いばていごう》だ。

伊庭は、住友銀行、住友金属、住友電工、住友軽金属、住友林業、住友建設など現在の住友グループの中核事業を興した人でもある。

伊庭も、また企業が利益を上げることを積極的に認めつつ、利益を私利のみと捉えてはいない。伊庭の事業方針は「住友の事業は、住友自身を利するとともに、国家を利し、かつ社会を利する事業でなければならぬ」である。住友が事業で儲け、国と社会が利益を得る。いわば住友、国、社会の「三方よし」が基本方針だった。

この伊庭の姿勢がはっきり示されたのは、別子銅山の煙害問題に対処したときだ。別子銅山の精錬所の亜硫酸ガスによって、新居浜の山林は枯れていた。住友本社としては補償によって解決を目指したが、伊庭の決断は違った。山林を元の姿に戻すのが住友の務めと、伊庭は本社の大反対を押し切って精錬所を沖の無人島、四阪島《しさかじま》に移した。

私利だけを追求すれば精錬所の島への移転はあり得ない。だが、企業の利と社会の利を考えたとき、最善の操業地が沖合の四阪島と伊庭は決断したのである。

論語に親しんでいた渋沢は論語に道を求め、禅に凝っていた伊庭は教科書を禅書に求めた。教科書は異なっていても、両者とも財を成すことと倫理を両立させる道を得ている。

金儲けを後ろめたいものと恥じるのは心得違いである。問題は、いかなる事業によって金儲けをするのか、正しいやり方で金儲けを行っているかだ。

企業家の目的は事業にある。

目的が正しく、手段が正しければ、結果は自ずからついてくる。それが、経営の王道であり、企業が持続的に繁栄するための正しい道だ。

渋沢の言う『論語と算盤』の右手の算盤は手段とその結果を支えるものであり、左手の論語が目的の背骨である。両者はひとつになって力を発揮する。両者を合体することができるのは、算盤と論語を両手に持っている本人だ。

ETHICS

人格・人徳の高い経営者が「社格」「社徳」の高い会社をつくる

会社は、社長によって80％以上決まる。社長の人格が高ければ会社の「社格」も高まる。社長の人徳が高ければ、会社の「社徳」も高くなる。

人格や人徳が、日常の行動からは、なかなか測れないように、企業の「社格」や「社徳」も普段はよく分からない。「見える化」が困難だからである。

会社が上り調子のときには、雪が周囲を覆って一点の汚れもない景色へと変えてしまうように、多少の問題は勢いによって隠されてしまう。だが、ひとたびピンチになると会社の徳や格がはっきりとした形に表れ、遺憾なく力を発揮する。

三菱自動車、東芝、神戸製鋼所は、いずれも歴史と伝統のある大企業である。だが、先達が営々として築き上げたこれらの企業の歴史は、ひとつの不祥事によって大きく損なわれた。毀損の根源はトップの危機管理の不備と、トップの人徳の低劣さに由来する。まさに「魚は頭から腐る」のである。

社格、社徳は社員を強くする

社格、社徳が最も強い効果を発揮する相手は社員である。

営業能力が同じ、あるいは少々他者よりも劣っていたとしても、自分の会社の「社格」や「社徳」に共感している人は、自分の会社の商品・サービスを、自信と誇りを持って勧めることができる。自社の「社格」と「社徳」を信じている社員の一言には強さがある。

この強さは自社の「社格」と「社徳」を信じていない社員と比べれば格段の差があ

『致知』定期購読お申し込み書

太枠内のみをご記入ください。

お買い上げいただいた書籍名	

フリガナ お名前		性別	男 ・ 女
		生年月日	西暦　年　月　日生
会社名		部署役職名	
ご住所（ご送本先）	ご自宅　会社　〒		
電話番号	ご自宅　－　－	会社	－　－
携帯番号		ご紹介者	
E-mail	@		
職種	1.会社役員　2.会社員　3.公務員　4.教職員　5.学生　6.自由業 7.農林漁業　8.自営業　9.主婦　10.その他（　　）		
ご購読開始	最新号より 毎月　冊	ご購読期間	□ 1年間（12冊） 10,300円（送料・消費税込） □ 3年間（36冊） 27,800円（送料・消費税込）

※お申し込み受付後約5日でお届けし、翌月からのお届けは毎月5日前後となります。

弊社記入欄	

お客様からいただきました個人情報は、商品のお届け、お支払いの確認、弊社の各種ご案内に利用させていただくことがございます。詳しくは、弊社ホームページをご覧ください。
初回お届け号にお支払いについてのご案内を同封いたします。

FAXでも、お申し込みできます

FAX.03-3796-2108

郵 便 は が き

料金受取人払郵便

渋谷局
承 認

612

差出有効期間
2019年7月
27日まで
(切手を貼らずに
お出しください。)

1 5 0-8 7 9 0

584

(受取人)

東京都渋谷区神宮前4-24-9

致知出版社 お客様係 行

特 徴

❶ 人間学を探究して40年

過去にも未来にもたった一つしかない、この尊い命をどう生きるかを学ぶのが人間学です。歴史や古典、先達の教えに心を磨き、自らの人格を高めて生きる一流の人たちの生き方に学ぶという編集方針を貫くこと40年。『致知』は日本で唯一の人間学を学ぶ月刊誌です。

❷ 11万人を超える定期購読者

創刊以来、徐々に口コミで広まっていき、現在では、経営者やビジネスマン、公務員、教職員、主婦、学生など幅広い層に支持され、国内外に11万人を超える熱心な愛読者を得ています。地域ごとの愛読者の会「木鶏クラブ」は国内外に152支部あります。

❸ 日本一プレゼントされている月刊誌

大切なあの人にも『致知』の感動と学びを届けたい。そんな思いから親から子へ、上司から部下へ、先輩から後輩へ……

様々な形で毎月3万人の方に『致知』の年間贈呈をご利用いただいています。

❹ 1200社を超える企業が社員教育に採用

『致知』をテキストとして学び合い、人間力を高める社内勉強会「社内木鶏」。

現在、全国1200社の企業で実施され、「社長と社員の思いが一体化した」「社風が良くなった」「業績が改善した」など、社業発展にお役立ていただいています。

❺ 各界のリーダーも愛読

『致知』は政治、経済、スポーツ、学術、教育など各界を代表する著名な識者の方々からもご愛読いただいています。

る。

業界ナンバーワン企業とそうでない企業の最も根幹的な差は、社員の誇りと自信の有無である。たとえば住宅の営業では、一般のお客さまは住宅性能の良し悪しを判断しにくい。実際の性能差は目に見えないからだ。そのときお客さまが、ひとつの判断の目安とするのは営業パーソンである。担当した営業パーソンに、本心からの自信と誇りがあれば、それが以心伝心でお客さまに伝わる。お客さまにとっては心強い支えとなる。

会社の「社格」と「社徳」は、社員を通じて顧客に伝わる。顧客に伝わった「社格」と「社徳」は、次第に社会にも伝わっていく。そうして会社の「社格」と「社徳」は、会社、社員、そして顧客、社会の共通認識となる。それが信用・信頼という価値ある財産だ。

ENTREPRENEURSHIP（起業家精神）

ライバルは昨日の自分、安定に安心するな

人類は「もういい族」と「まだまだ族」に大別される。

これだけやったのだから「もう十分だ」と満足してしまう、あるいはピンチが続くと「もうだめだ」と早々に心が折れてしまう人が「もういい族」だ。それに対して、結果がよくても悪くても「まだまだやれる」と考えるのが「まだまだ族」である。

企業の経営者は、概して「まだまだ族」が多い。「まだまだ族」は、ともすると欲深いようにも見えるし、一方「もういい族」は足るを知る潔い人のようにも見える。

だが、足るを知るがあきらめの早いことを意味しないように、「まだまだ族」が単に強欲というわけではない。

結論から言えば、早々に心が折れてしまうよりは、強欲であるほうがリーダーとしては、はるかに望ましい。

〝If you think you are good enough, you are finished.〟（若しあなたが、自分は十分出来上った人間だと思ったら、その瞬間からあなたは過去の人だ）。これは私が尊敬する元上司の英国人から学んだ言葉である。優れた経営者は〝Positive Discontent〟（肯定的、積極的な不満感）の所有者である。

企業経営には追い風が吹くときもあるが、企業自体に浮力があるわけではない。社長以下、全社員が押し上げて企業は上昇する。この高さまで来たらもう安心と、そこで力を抜けば、たちまち落下する。落下の最後は墜落、つまり倒産である。

英語には〝Revenge of Success（成功の復讐）〟という言葉がある。

会社は毎日が創業だ。昨日までの成功に酔い、会社も安定してひとまず安心と油断していれば、知らず知らずのうちに会社の高度は下がり、地表すれすれになってはじめてあわてるという事態に陥りかねない。「社長が〝これでいいんだ〟と思った瞬間から会社の老化がはじまる」という。今日の自分に満足するということは、企業をリードする社長にとっては非常に危険なことなのである。

誤った満足とは安易な現状是認であり、危機意識の欠如である。大阪弁でいうと、〝マーエーヤンカ〟である。

唯一の不変とは変わり続けること(The only constant is change.)

平成という時代は31年の半ばで終わる。平成という時代だけを見ても世界は大きく変わっている。現在、世界のリーディングカンパニーのほとんどは、アップル、マイクロソフトなど少数を除けば、平成がスタートした１９８９年には存在しなかったか、存在してもごく小規模の会社だった。世界が変わればビジネスも変わる。

アメリカを代表する超優良企業として評価の高かったＧＥ（ゼネラル・エレクトリック）は業績不振のため、ダウジョンズ30社のリストから脱落してしまった。

社会がインフラごとＩＴ化されてしまえば、既存の産業でもＩＴに対応したビジネスモデルに変化せざるを得ない。仮想通貨が決済通貨となる日が来れば、銀行とて経済の中枢機能とのんきに構えていられないし、流通や運輸も業態が変わるのは必然である。

世の中には変わらない、不変のものもあるが、ビジネスパーソンにとって唯一変わらないものとは、変わり続けることであると、肝に銘じておくべきである。環境が大きく音を立てて変わるときには臨機応変が求められる。

顧客を創造するために自ら変化せよ

「企業とは顧客の創造である。顧客の創造とはマーケティングとイノベーション（革新）である」（ピーター・ドラッカー）

約50年前に、ピーター・ドラッカーが世に問うた『現代の経営』という本の一節である。

顧客の創造とは、既存の事業で顧客を新規開拓するだけのことではない。新規事業を興し、既存顧客を新規事業の顧客にすることも顧客の創造であるし、全く新しい顧客を開拓することも顧客の創造である。既存顧客は必ず減少する。引き留める努力を尽くしても、年に何割かはサヨナラサヨナラと去っていってしまう。企業が生き続けていくには、一定の数の継続的な新規開拓が欠かせない。新しい顧客をつくるためには、企業も守るべき本道を守りつつ、新しく変わっていくことが求められる。企業の変身とは、社長自らの心の変心である。

ENTREPRENURSHIP

「立ち向かったものがすべて変えられるものではない。だが、立ち向かわなければ何も変わらない」（ジェームズ・ボルドー）

変化とは新しいものに立ち向かうことである。新しいものに立ち向かうには、その前にまず立ち向かわなければならない相手がいる。それはいまの自分自身だ。

立ち向かうとは挑戦である。挑戦とは強い相手に挑むことを意味する。〝自分の心〟という内なる敵は、外敵よりも数十倍厄介である。渾身と渾心の力で立ち向かわなければ克服できない難敵なのだ。今日の自分に立ち向かい、乗り越えるためには、今日までの自分を否定し、今日の自分が知らないフロンティアを越えなければならない。

人は本能的に未知のこと、経験しないことを避ける。それを克服する条件が、ひとつは好奇心であり、もうひとつが克己心だ。己に克つとは恐怖を克服することである。変化するとは未知の分野に飛び込むことだ。変化に対する恐怖を克服する挑戦である。挑戦である以上、失敗もある。失敗も恐れの原因だ。

日々新しい自分に変われ

だが克服は可能である。CHANGEのGにはちいさなTが付いている。Tとは〝THREAT〟すなわち恐れである。CHANGEから恐れ（T）を除くと、そこにCHANCEが生まれる。変わることを恐れてはいけない。変わらない人は「変わり映えのしない人」である。

企（起）業家とは、自分自身と闘うことのできる人である。

自分自身のためだけに、社長が昨日の自分と格闘しているのであれば、ほどほどのところでもういいやとなってしまうだろう。だが社長の後ろには、社員とその家族がいる。さらにはお客さまがいる。そして左右を見れば、取引先の企業がいっしょに走っている。社長は途中で降りたり、安易に投げ出すことは許されない。

「今日の自分は昨日までの自分の結果である。将来の自分は、今日からの自分の結果である」という私が泣くほど好きな言葉がある。「人生、今日が初日だ」ということである。

「RIZAP」という会社のスローガンは「人は変われる」である。具体的には自分をどう変えるか？　この問いに対する答えを出せる人は地球上にたったひとりしかいない。「自分」である。

ENTREPRENEURSHIP

昨日の自分を超えるためにPDCサイクルを回せ

2018年、日本のプロ野球からメジャーリーグのロサンゼルス・エンジェルスに行った大谷翔平選手は、高校時代からノートをつけていたという。

ノートには、今日やること、それがどこまでやれたか、やれなかったのは何か、明日は何をやるかを、練習でも試合でも毎日つけていたという。

スポーツの一流選手でノートをつけている人は多い。ノートの中味は、ビジネスでいうＰＤＣ、すなわち計画、実行、チェックである。何をどうやるか（Ｐ）、何をやったか（Ｄ）、やった結果はどうだったのか（Ｃ）のＰＤＣである。

大谷選手の場合は、毎日がＰＤＣの繰り返しであり、ノートはその記録だ。

ＰＤＣの繰り返しをＰＤＣサイクルという。ＰＤＣサイクルは、一回転ごとに坂道を上って行かなくてはならない。あるいは、昇り竜のように逆巻きながら天に駆け上っていく。私はこれを昇り竜のＰＤＣサイクルと呼んでいる。ＰＤＣＡとＡを加えて言うこともある。Ａは「改善」の意味である。多くの日本企業のＰＤＣＡは現実にはどう回っているかというと「パソコン（Ｐ）と電話（Ｄ）で話をして。チェック（Ｃ）はせずにあと（Ａ）はよろしく」である。昇り竜ではなく、同じところをグルグル回っている二十日鼠のサイクルである。

自分を高めると、もういいということがなくなる

ＰＤＣサイクルの一回転で、人は昨日の自分からすこしだけ高まる。

回転を続けていれば、それだけ高い位置に上がる。高い位置に上がれば、それだけ視野が広がり、見える景色も変わってくる。いままで見えなかったものも見えてくる。景色が変わると、世界観が変わってくる。

世界観が変わると、自分が立っているステージが変わる。

その結果、いままで抱いていた目標から、ワンステージ高い次元に新しい目標を設定する。目標の次元が上がると、いままでとは異なったスキルや情報が必要になる。

PDCサイクルを回し続けていくと、もはや「もうこれでいい」というときは訪れない。まだまだやらなくてはならないこと、乗り越えなくてはならないことが、次々と現れるから、毎日が新鮮である。その過程が成長であり、この新鮮さを〝CHANGE〟と言い換えてもよい。

成長とは変化を続けた結果だ。

生きていくことは、変わり続けることである

ENTREPRENEURSHIP

最大のリスクとはリスクを取らないことである

若い起業家は、積極的にリスクを取って事業に挑戦しようとする。彼らには失うものがないし、失っても取り返しややり直しがきく。

一方、成功した経営者はあまりリスクを取りたがらない。成功した社長には地位、名誉、立場に加え、有形無形の財産がある。人は、失うものが大きければ大きいほど失敗を恐れる。それが成功した社長の、未知への挑戦を妨げる手かせ足かせ、心かせとなる。

企業を経営する社長の場合、失敗とは会社の倒産を意味する。会社が倒れてしまうと、経営者が失うものは経済的な富だけではない。

社員や取引先に対する面目も失う。さらには信用と信頼という重要な無形資産をも失うことになる。

日本は失敗者に対して冷たい国である。一度、会社をつぶした社長には、失地回復のチャンスが巡ってこないのが日本の社会だ。

一度失った信用と名声を取り戻すのは極めて困難である。

「彼は失敗した。だが失敗から学ぶだろう。手を貸してやろう」というアメリカ人的な感覚に乏しい。

だが、リスクのない安定した場所にとどまっていることにもリスクがある。そのリスクとは、時代に取り残され、時間の経過とともに衰退していくことを余儀なくされるという深刻なリスクである。

「人生で最大の失敗は、常に失敗を恐れて暮らすことである」（作家エンバート・G・ハバート）という言葉がある。

アナグマのように巣穴に閉じこもっていても、リスクから逃れることはできないのだ。

定年を迎えた退職者が、仲間が催してくれた壮行会で口に出す、定番的なお礼の言葉がある。

「おかげさまで35年間、大過なしに勤めることができました」

だが、と私は考える。大過なく勤めたということは、大功もなかったということだ。

図a●リスクと収益性のマトリックス

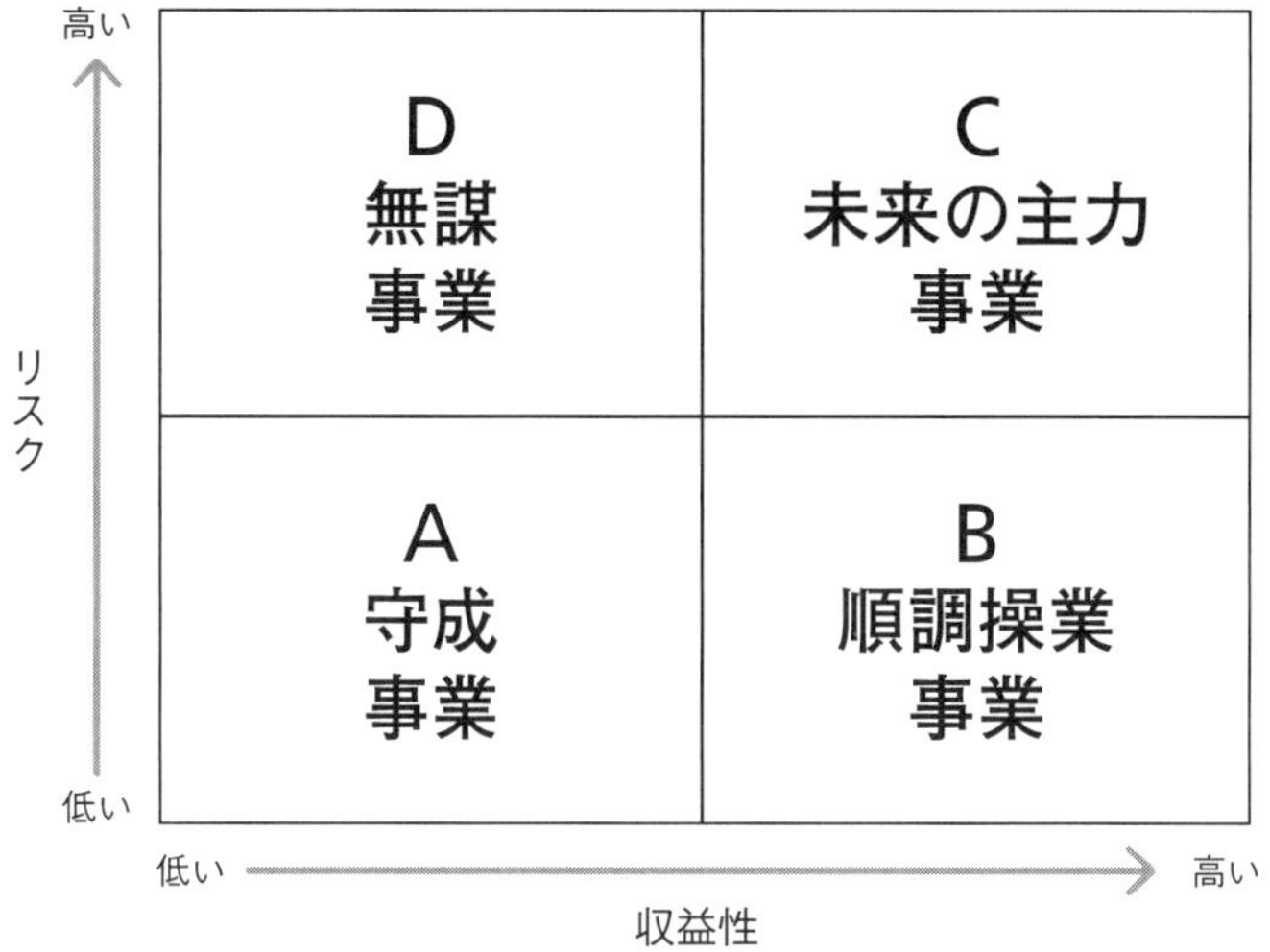

図b●収益性と時間軸グラフ

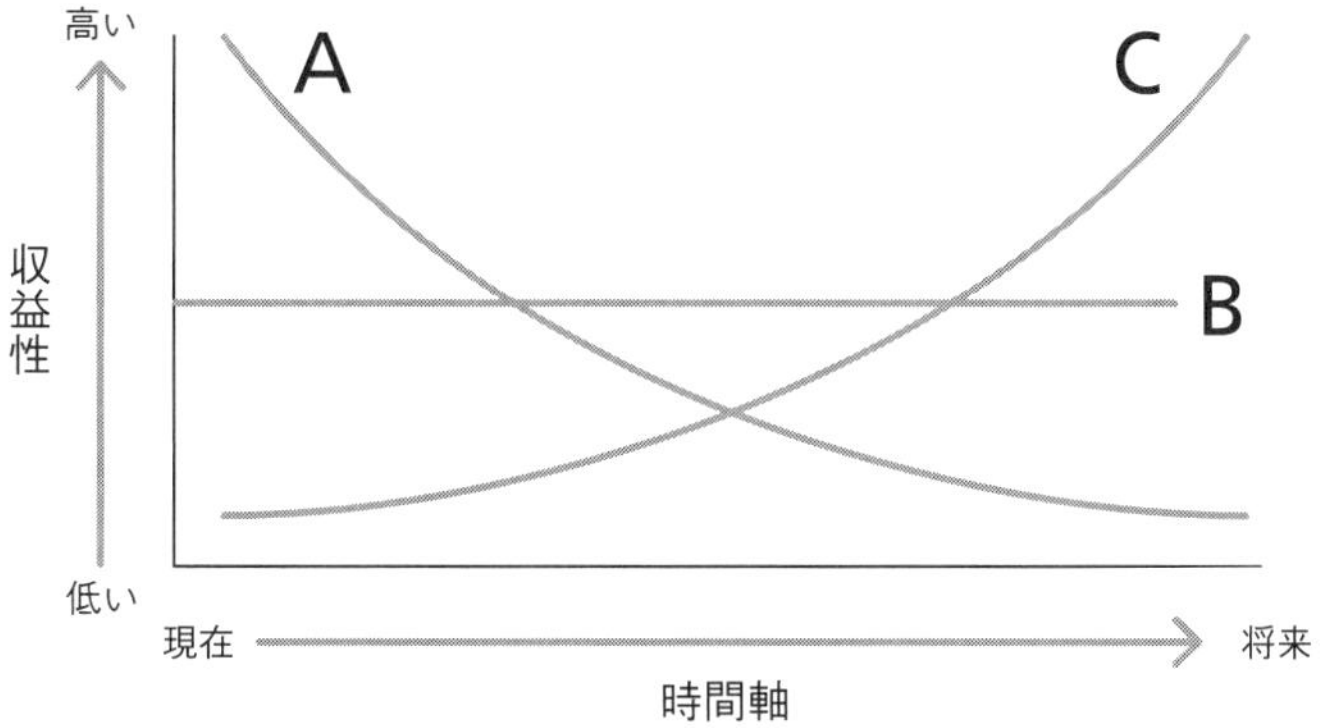

A 守成型は時間とともに衰退
B 順調操業型も時間とともに収益減
C 未来の主力事業を伸ばさないと企業の持続的成長はない
D 無謀事業は戦線脱落

要するに、35年間ろくな仕事をしてこなかったという告白に他ならない。一度もリスクを取ったことがなかったということである。

生き続けるとは変わり続けること

日本を代表する主要企業トヨタ自動車は60年以上前も、いまも、自動車をつくっている会社だが、つくっている車は次々と変わっている。トヨタがいまもトヨペットクラウンだけをつくっていたら、到底、「世界のトヨタ」にはなれなかった。

新車の開発には失敗も少なからずあったものの、新しい車を開発し、市場へ投入し続けた結果が現在のトヨタである。

トヨタがトヨタであり続けるためには、未知への挑戦をし続けることであり、そのために変わり続けることだった。

変わることには常にリスクが伴う。

しかし、失敗というリスクを避けていれば成長は叶わない。失敗のリスクといえどもポジティブに捉えることが、トップに求められる人間力である。フォード自動車の創業者ヘンリー・フォードはこう言っている。

「失敗とはもっと賢明にやり直すための機会である」。ポジティブな考え方も、また人間力の産物である。

前ページの図ａにあるように、リスクが低く収益性も低いという場所Ａが、儲けは少ないが競合他社も少ないという安定した穴倉である。

だが、図ｂのグラフにあるとおり、穴倉は時間とともに収益性が落ちていく。衰退市場だからだ。

一方、リスクが低く収益性の高い場所Ｂは、魅力的で安定しているが、競合他社が参入しやすいところでもある。よってＢも時間が経過するに従い、徐々にＡへと移動していく。Ｂにとどまって籠城戦を行うのは不利極まりない。

守成では守り切れないのだ。

将来の事業の柱を立て、企業を持続的に繁栄させるためには、リスクはあっても収益性の高いフロンティアであるＣへ攻め込むことが必要である。

安定に座していれば、やがて死を迎えることになる。企業経営者とは、永遠の起業家である。これが鉄則だ。

第6章

自責
尊敬

▶ 問題は自分のもの、解決も自分のもの
▶ 人徳とは信頼と尊敬の合計値である

LEADERSHIP

RESPONSIBILITY／自責
RESPECT／尊敬

RESPONSIBILITY（自責）

社長とは社内で起きるすべてのことに最終責任を持つ人である

社長とは社内で起きるすべてのことに対して最終的な責任（アカウンタビリティ）をとる人である。社長とは社の長である。そもそも会社という組織の頂点にいるのが社長なのだから、良かれ悪しかれ最終責任は免れない。

会社に関わるすべての事柄、よいことも悪いことも、最後の結果責任は社長の肩にずしりとかかってくる。

役所、企業を含み、世の中で最近起きている不祥事のほとんどは、だれも責任をとろうとしないことに問題の本質があるように見える。

平成時代のバブル崩壊によって失ったのは、経済的損失よりも自ら責任をとるという至極当たり前の美風だったのではないか。

何か問題があると「私の記憶と記録の限りでは会ったことがありません」というま

やかしの詭弁《きべん》を弄して自ら責任をとろうとしない政官財のトップの振る舞いを見ると、この弊害は経済的な損失よりもはるかに根の深いもののように思えてならない。

危機管理の要諦を表した〝Hope for the best but be prepared for the worst.（最善を期待し最悪に備える）〟という言葉があるが、現代の政官財のトップたちには、「最善を期待し続け最悪から逃避する」という姿勢がありありと見える。

最終責任者とは、最後の骨はオレが拾うという覚悟のある人だ。

自分がやったことではないは通らない

伊藤忠商事が、Ｖ字回復を果たしたときの社長は丹羽《にわ》宇一郎氏である。

丹羽氏は社長就任とともに「20世紀の負債は20世紀のうちに処理しなければならない。後世に負債を遺さないのが自分の責任だ」と、不良資産の徹底的な処理を決断した。

伊藤忠商事は、丹羽氏の社長就任以前にも不良資産の処理を行ったが、それは小規模にとどまり、財務体質、経営改善に大きな貢献はしなかった。

背負った荷物を少しずつおろしていたのでは、会社の体力は消耗を減らせても回復には至らない。一気に軽くしなければダメだと判断した丹羽氏は、銀行、取引先、大口株主のところへ行き思い切った負債の処理をする旨を告げた。

一気に負債を処理すれば、会社の業績が回復することはわかっていたが、一時的にせよ赤字になり、配当も難しくなる。

負債の処理は、最悪の場合、倒産の危機に瀕するかもしれないというリスクもあるのだ。

そうなれば丹羽氏には「あの伊藤忠を倒産させた社長」という汚名が生涯付いて回ることになる。株主や銀行、取引先の指弾は免れない。

だが、丹羽氏は「責任をとるのが社長の仕事」とまったく怯まなかった。

伊藤忠の不良資産が膨らんだのは、10年も20年も、処理を先延ばしてきたからである。それは前任者のやったことで丹羽氏のやったことではない。

しかし、たとえ前任者のつくった負債であっても、現在の社長が責任をとらなければだれも責任をとる人がいない。丹羽氏は、思い切った不良資産の処理を断行することを記者会見で発表した。

記者会見は長時間に及んだ。

いま不良資産を処理しなければ会社の回復はないこと、ここで赤字に陥っても、不良資産を処理すれば必ず会社はV字回復できることを訴え続けた。

会見終了時には、声が嗄《か》れていたという。

丹羽氏の気迫のこもった会見の効果か、翌日の伊藤忠の株価は大きな値下がりをしなかった。丹羽氏の覚悟と矜持《きょうじ》が伊藤忠の株価を支えたのだ。

官と民の不祥事が後を絶たない。不祥事の直接の原因が自分になくても、あるいは現場にあったとしても、従容として、かつ毅然としてその責任を負い、自分の進退を賭けて対処するのが、一企業を代表する社長の基本動作である。

実行責任（レスポンシビリティ）と結果責任（アカウンタビリティ）

社長の結果責任に対し、社員や現場にある責任は何か。

それは実行責任と結果責任である。指示・命令されたことを実行する責任、目標達成のために計画を実行する責任、これらが実行責任である。

社員には実行責任がある以上、それに対応した結果責任もある。

実行責任がある以上は、行動計画を決めるのは現場だ。

一方、社長は戦略、方針を実現するための戦術と実行責任は現場に任せる。ただし、最終責任は自分が負う。

それが権力と権威を持つ人の基本中の基本である。

トップは、まず自分から会社の中に「自責の風」を吹かせてほしい。社長の吹かせる風は、はじめはそよそよという微風が、さらに吹き続けるとざわざわという風が社内に吹く。社内の全員が自責の風を吹かせるようになると、轟々という自責の強風が吹く。

日本語では社内に吹く風のことを「社風」という。好ましい社風が社内に定着すると、そこには良い企業文化が生まれる。

良い企業文化の根づいた企業と企業文化のない企業を比べると、不況に対する抵抗力で4倍の差がつくというマクロ統計がある。

「お前が悪い！」と人を非難する指は、人差し指1本だ。残る4本のうちの3本は自分を差している。指は、他人に対する叱責よりも、自責のほうが3倍重いと教えている。ちなみにもう1本の指（親指）は天に向かって、神の審判を仰いでいる。

「鳴かぬなら殺してしまえホトトギス」（織田信長）

「鳴かぬなら鳴かせてみせようホトトギス」（豊臣秀吉）

「鳴かぬなら鳴くまで待とうホトトギス」（徳川家康）

最後に究極のざれ歌を加える。
「鳴かぬならお前が鳴けよホトトギス」（他責人間）
「鳴かぬなら私が鳴こうホトトギス」（自責人間）
最後の２つは私の自作（駄作？）である。優れた社長は自ら鳴く人である。

RESPONSIBILITY

自責＝「問題は自分のもの、解決も自分のもの」

ビジネスに限らず、すべての問題は自分の責任としたとき、はじめて解決に向かう。

他人のせいにしているうちは、問題は解決の兆しさえ見せることなく、それがくびきとなって行動を制約する。

何かを解決する、あるいは何かを乗り越えようとするとき、他責の考えを改めないうちは、勝負する前から負けを認めているようなものだ。

すべてを自分の問題、自分の責任とする自責が、困難を乗り切るための人間力の原点である。

ダメな社長の常套句《じょうとうく》がある。

「景気が悪い」「資金がない」「人財がいない」。このいずれかでも口グセにする「責任他人論」の社長の会社は、判で押したように儲かっていない。ほぼ例外なく、赤字か、わずかな黒字と赤字の間で低迷している。

これらの愚痴にも似た「責任他人論」に共通する点は、マイナスの原因をすべて他人のせいにしていることだ。他責は赤字会社の社長の基本姿勢である。社長の基本姿勢が後ろ向きであれば、社員の威勢が前向きとなることはない。

愚痴を常套句にする社長の会社の社員も、また、次の決まり文句を口グセにしている。「会社が悪い」「社長が悪い」「上司が悪い」「部下がダメだ」「システムが悪い」等は、すべて他責である。

他責から自責へ変われば解決策は見えてくる

私が戯れにつくった他責の歌がある。「むずかしい、とてもできない、ヒマがない、金が足りない、人も足りない」というものだ。

その反歌となる一般的によく知られた自責の歌もある。「電信柱が高いのも、郵便ポストが赤いのも、みんな私が悪いのよ」である。究極の「責任自分論」である。

ある一部上場の化学薬品メーカーの社長がこういうことを言っていた。ある問題の解決策を着想するまでの経緯についてである。彼が、まだ課長時代のことだったが、彼はその解決策で特許を取り大きく会社に貢献した。

彼が言うには、問題解決に至る経緯は、まずその問題を自分の問題とすること。次に24時間、食事中も入浴中も、その問題のことを考え続ける。するとやがて夢の中でも考えるようになる。そこまでくれば、周囲の何気ない一言でも大きなヒントになる。その段階になると、解決策に至るのはもう時間の問題ということだった。

アメリカ合衆国の第35代大統領J・F・ケネディの就任演説には「諸君は国が諸君のために何ができるかを問うな。諸君が国のために何ができるかを問え」という歴史に残る名文句がある。

デキル社員は会社に何かを求める前に、自分が会社に何ができるかを問う人である。

責任転嫁は成長機会の自己否定である。

RESPECT（尊敬）

人間力とは信頼と尊敬の合計値である

「信なくば立たず」という。部下から信じられなければ、リーダーとして立ち行かないという狭い意味だけではない。リーダーに信頼がなければ、国は立ち行かないという意味だ。

では、リーダーには信頼だけあればそれで十分かというと、そうではない。信頼に尊敬が加わって、はじめて本物のリーダーとなる。

一般に、尊敬される人物とは、私利私欲のない高僧のような人が思い浮かぶ。だが、企業のリーダーに必要な尊敬とは、〈尊敬＝私利＋他利〉である。

まったく私利のない人では、大きな貢献はない。企業のリーダーである社長にまったく資産もなく、実績もないようではだれも安心してその後を付いていくことはできない。度が過ぎた私利はかえってマイナスとなるが、まったく私利のない人は高徳の僧ではあっても企業のリーダーには不向きだ。

適切な私利に大いなる他利の加わった人に、人は深い尊敬の念を抱くのである。

他利とは、他者の利を慮ること、チーム全体のために働くことである。他利は、その人の人間性として評価されることが多い。ここで言う私利とは、いわばデキル人であり、他利はデキタ人である。

結果なき信頼では足元がおぼつかない

〝Business of business is business.〟（ノーベル経済学賞受賞者ミルトン・フリードマン）という言葉がある。意訳すると「企業の結果とは利益」ということだ。実績は尊敬にも必要だが、信頼されるためにはそのウエイトはさらに大きい。

信頼とは〈信頼＝仕事力＋人間力＋結果（売上・利益）〉だからだ。

仕事力と人間力は結果を導く大事な要素だ。仕事の腕と高い志のある人は、大きな仕事をすると期待できる。結果は、そのエビデンス（証拠）だ。ただし結果だけでも、仕事力と人間力だけでも信頼には至らない。いずれかだけでは、信用されるにとどまるからだ。

信用とは、担保の評価額に上限がある。信頼とは無制限の全人格的なものだ。全幅の信頼で相手に対することである。そして、信頼に尊敬が加わることによって、「全幅の信頼」から「絶対の信頼」へと大きく飛翔する。

信頼と尊敬の残高を増やそう

R E S P E C T

徳には余熱効果がある。

孟子が人から「古代王朝である殷《いん》の紂王《ちゅうおう》は暴君だったが、国は亡びなかった。王の徳と国の興亡は無関係なのではないか」と問われた。

そのとき、孟子は「殷の国も紂王が暴政を敷く以前には立派な王が善政を敷いていた。前王の徳は、代が変わってもすぐに消えるわけではない。殷の国が紂王の時代も滅びなかったのは前王の遺徳があったからだ」と答えた。

信頼と尊敬も徳と同様、貯金や積み立てができる。

信頼と尊敬の残高のある人は、少しの間違いがあったとしても、それで周囲が直ちに失望することがない。同時にリカバリーが利く。では、そのためには、日頃からどのような行動を心がければよいか。具体的に示そう。

基本は次の７つである。

空手形を切ることなかれ

１　うそをつかない

「Honesty is the best policy.（正直は最善の政策なり）」という。「森友問題」での財務省の文書改ざんに見られるように、トラブルがあったときに、ウソでウソを固めるような行動は墓穴を掘る。墓穴を掘るばかりでなく、決定的に信を失う。

物事はすべからく「天知る、地知る、君知る、己知る」なのだ。

また、知らないことをあたかも知っているように話す虚栄もうその一種であり、これも大きく信頼を損なう。知らないことを知らないと言うのは恥ではない。知っていることを知らないと言うのはうそである。

2　約束を守る

これも当然のことだ。中国の伝説には、友人との再会の約束を果たすために、死してなお魂となってやってきた士の話がある。約束を違《たが》えないというのは士の条件なのだ。

3　言うこととやることが一致している

言行一致、有言実行、知行合一である。有言不実行の人のことを不実な人という。対して、有言実行の人は実のある人だ。実のある人とは、言葉を行動で証明できる人である。こういう人を胆識人という。胆識人は、言行一致、有言実行に加えて、知行合一の人である。知行合一とは知識、見識を決断と行動に反映できる人だ。

英語には〝Walk The Talk（言ったとおりに歩く）〟という表現がある。有言実行の人である。

基本は好意の返報にある

4　相手に誠実な関心を持ち、日頃から対話を心がける

人は自分を尊重する人を尊重する。これを心理学では「好意の返報性」と呼ぶ。相手から尊敬と信頼を勝ち得るためには、まず相手を尊重（リスペクト）することからはじめなければならない。

相手を尊重することで、こちらも尊重される。まず尊重し、次に相手の尊重を得る。我々のよく耳にする言葉にギブ・アンド・テイクがあるが、ギブ・アンド・テイクに非ずして、ギブ・アンド・ギブンが望ましい姿である。

5　私利を超えた他利の持ち主である

いわゆる「忘己利他」のことだ。私利については先に述べた。私利は必要だが、尊敬と信頼を得るには、実力、実績に加えて利他が必要なのは言うまでもないだろう。

実力や実績はある程度の距離をおいてもわかるが、人間性は近くにいないとわからないし、わかるまでに時間を要する。だが、尊敬と信頼を押し上げるには、私利は守りながらも、ときと場合によっては利他の思考・行動を躊躇なくとれる人間性が必要だ。

6　困っている人を助ける

リーダーとは、自分個人および自分が率いるチームに最高で最善の結果を出させる人である。チームとは人の集団であるから、それぞれに能力差がある。チームで結果を出すには、いかに個々のチームメンバーのプラスの部分を伸ばし、マイナス部分を減らすかにかかってくる。

プラス（長所）とマイナス（短所）は、どちらか一方ではなく、両立させるべき条件だ。だが、効果はプラス（長所）を伸ばす方がはるかに高い。多くの場合、プラスを伸ばすとマイナスが目立たなくなってしまう。

マイナスを切り捨てるだけに終始するのは、リーダーの行うべきことではない。マイナスの人をサポートし、励まし、ときに負担を軽くしてチーム全体の最高・最善の全体最適を図ることによって、人は真に仕事力と人間力のあるリーダーと呼ぶに値する人となる。

7　最後まで逃げずに結果を出す

リーダーがあきらめかければ、フォロワーはあきらめるだけではなく撤退を始める。勝利を得ようとすれば、背水の陣を敷いてでも、全体を鼓舞し、前へ進めるのがリーダーだ。一度でも仲間を置きざりにして逃げ出せば、一瞬にしてルーザーと化してしまう。

「キャプテン　ラスト」という言葉がある。海で遭難《そうなん》にあった時、船長は最後の最後まで船から降りてはならない。

R E S P E C T

信頼と尊敬なきリーダーの後にはフォロワーはいない

人は感情と勘定で動く。大方の人は勘定（利益と打算）で付いてくる。

残念だがこれもひとつの現実だ。打算で付いてくる人は、ひとたび打算が成立しないと思うと潮が引くように去ってしまう。ひとつ下手をすると『そして誰もいなくなった』（アガサ・クリスティ）となってしまいかねない。

フォロワーにも、本物のフォロワーとそうでないフォロワーがいるし、ほとんどは打算（勘定）に魅力を感じて付いてくるのだ。本物のリーダーの後ろには、リーダーの人格や人柄に魅かれて付いてくる本物のフォロワーがいることが理想である。

リーダーには、この現実もよく心得て部下をリードしていく器が必要である。「君、君足らずといえども、臣、臣たるべし」というが、逆に言えば臣が臣足らずといえども、君は君たるべきでもあるのだ。利益と打算でついてくるフォロワーに対しては、人間的魅力に加えて彼らの期待に応える論功行賞で報いてやるスキルもリーダーの力である。

私は企業の成長は3％の人で決まると体験的に信じている。

370万社を超える日本の企業の中で、持続的に成長しているグッドカンパニーはわずか3％くらいしか存在しない。私は、この3％のグッドカンパニーを「3％倶楽部」と呼んでいる。97％の企業は、企業の目指す理想や理念より、目先の利益を追い求め、迷走し、最悪の場合は短命に終わる。経営者は、常に97％へは陥らず「3％倶楽部」に入ることを目指すべきだ。

人財でも、もともと才能豊かで、自分の力で成長していくようなスーパー人財は、全体の3％くらいである。97％の人間を率いることもリーダーの器量だが、本物の3％をしっかりと見極めて惹きつける人間力もリーダーの大事な要件だ。

もとより社長は、１万人を超える会社でもひとりしかいない。社長になるような逸材は、少数者中の少数者なのだ。本物のフォロワーを惹きつける人間力があって、リーダーも、また「３％倶楽部」のメンバーとなり得る。

信頼と尊敬は与えられるものであり求めるものではない

いくら他人に「自分を信頼せよ、尊敬せよ」と命じても、信頼、尊敬するか否かの決定権は相手にある。

権力では力ずくで人を従わせることはできても、信頼されることも、ましてや尊敬されることもできない。

利益や打算を伴う相手に迫っても、やはり信頼と尊敬は得られない。

いくら利益を与えても、利益で付いてくる者は、利益がなくなればサヨナラサヨナラとすぐに離れてしまう。金銭的打算で付いてくる者は、より条件のよいところが見つかれば、金に魅かれて去ってしまう。

利益や打算だけでついてくるフォロワーのほとんどは面従腹背《めんじゅうふくはい》の徒であり、重要な仕事を任せてはならない。

1000人の会社で3％は30人だ。30人の人財がいれば、それだけでも、強い組織になり得る。

年間に3％ずつ人財が増えていけば、5年経てば150人になる。こうなれば企業は高回転を始めることは間違いない。

問題は、リーダーに3％の人財を惹きつけられる力量があるか否かにかかっている。「士は己を知るもののために死す」という。人を知るには、人を学ばなければならない。人を学ぶとは人間学だ。人間学で身に付くのは人間力である。

信頼、尊敬を得る力とは、権力でも、財力でもない。

人間力だけである。

第7章

自己啓発
自己犠牲

- 社長が“もうこれでいい”と思った瞬間から企業の老化がはじまる
- 滅私奉公さようなら、活私奉公こんにちは

LEADERSHIP

SELF-DEVELOPMENT／自己啓発
SELF-SACRIFICE／自己犠牲

SELF-DEVELOPMENT（自己啓発）

経営者が〝もうこれでいい〟と思った瞬間から企業の老化がはじまる

「明日《あす》ありと思う心の仇桜　夜半に嵐の吹かぬものかは」という歌がある。

もうこれでいいと考えている社長は、明日も今日と同じ日々が続くと信じている人だ。江戸時代の絵師、葛飾北斎は88歳で亡くなる寸前まで絵を描き続け、最後まで「いまだに満足な線が描けない」と嘆いていた。

もうこれでいいという心の内訳を見ると、次の3つになる。

「あきらめ」「油断」それに「過信・慢心・傲慢」である。あきらめとは、自分の限界を自分で勝手に決めることだ。企業経営者にとって、あきらめは内なる引退宣告と考えたほうがよい。社長とはあきらめない人でなければならない。

油断とは、冒頭の歌のように明日も今日と同じと考えることだ。しかし、世の中は常に変化している。昨日と同じことをして、明日も生き残れると考えるのは正に油断

図表●もうこれでいいと思ったときの心の処方箋

	症状	処方せん
あきらめ	自分の限界を 勝手に決める	初心を思い出す。初心を思い出して本当にあきらめるのか自問自答し、それでもあきらめるなら引退すべき
油断	明日も今日の延長と 考える ↓ 油断が高じると ↓	周囲の変化に注目。外へ出て情報を積極的に集める
過信・慢心・傲慢	自分自身を過大評価 現状を完成と思い込む	イエスマンを排除。苦言、諫言を積極的に聴く。完成は陥穽と心得る

であり、安易な現状是認（COMPLACE-NCY）である。

なりたい自分と今日の自分の間のギャップを把握せよ

油断は一時的なものだが、油断が高じると過信・慢心・傲慢になる。過信・慢心・傲慢の行きつく先は倒産である。ところが、人は周囲からほめそやされていると、ついついその気になってしまう。社長は仕事力に長けていなければ使い物にならないが、仕事力に人間力が伴っていないと必ず陥るのが、この過信・慢心・傲慢の危険地帯である。

あきらめたり、過信・慢心・傲慢に

なる人は、なりたい自分を忘れてしまったか、自分を過大評価している。

初心を忘れたのなら、思い出せばよい。あきらめを覚えるときがあったら、自分が本当になりたかった自分を思い出すべきだ。それでも、なおあきらめるのであれば、もはや引退を決めたほうがよい。

過信・慢心・傲慢は自覚しづらいが、初心で抱いた自分の目指す姿と現実の自分の姿を比べ、そのギャップを埋めるために何を学ぶかを再認識するべきである。自己啓発の要諦とは、なりたい自分と現実の自分のギャップを埋めることだ。そのとき、心がけることは、「自分はデキル！」と思うほどにはデキナイということである。

SELF-DEVELOPMENT

問題意識と好奇心が学ぶ心の元素

よく言われる話だが、会社をリタイアした後の人生には、キョーヨーとキョーイク、もうひとつチョキンが必要である。定年退職した翌日から毎日が日曜日になる。会社に行く必要がなくなると、毎日、今日行く（キョーイク）ところがないと暇を持て余してしまう。仕事から解放された反面、やるべきことがない。そのため今日、用（キョーヨー）もないと困る。

年を取ると身体から筋肉が減る。ブヨブヨの豚体になってしまう。または骨皮筋右衛門となってしまう。だから過度の運動をして筋肉を保とうとするチョキン（貯筋）である。

今日、用がなくても、教養のある人はリタイア後の人生も充実させられるという。教養のある人とは、学んだ人ではない。学び続けている人である。

少《わか》くして学べば、壮にして為すことあり。壮にして学べば、則ち老いて衰えず。老にして学べば、則ち死して朽ちず（佐藤一斎「言志四録」）

学び続ける人、すなわち教養のある人は、物事を多面的で深く見通すことができる。多面的で深く物事を見通せれば、問題意識が高まる。問題意識が高まれば、日常的なことにも新しい発見がある。

ニュートンは木からリンゴの落ちる光景を見て、万有引力の法則を発見した。大きな問題意識があったからだ。問題意識があると、必然的に好奇心が生まれ、さらに探求心となって新たな発見につながる。リンゴを見て引力を発見したら、次は地球の引力から離脱するためにはどのくらいの速度が必要かという課題が見つかるのだ。

人間学の教室は仕事の場

一方、教養のない人は物事の一面しか見ないので、疑問や問題意識を持ったとしても深まることなく長続きもしない。したがって何を見ても皮相的、表層的であり、そこには発見もないので好奇心も生まれない。

教養とは、一見目に見えない深層を見る術でもある。見えない部分が最も多い存在とは、人間をおいて他にない。人間を学ぶことで、教養はより深められる。人を学ぶために最も有効な学習法は仕事の場である。仕事の現場ほど人間を学ぶチャンスのある場所はない。

会社とは人間を学ぶ教室だ。仕事の場で人間学を学べば、新たな疑問や問題意識が次々と湧いてくる。次々に起きる人間の不思議を探求していけば、問題意識と好奇心の尽きることはない。それが自己啓発であり、人間を学ぶことである。

SELF-DEVELOPMENT

自己啓発の5つの型

職場とは、人間を学ぶための絶好の場であるが、仕事の場だけではどうしても偏りが出る。視野を広げるには、幅広い分野で自己啓発を継続的に実行する必要がある。継続的に自己啓発を行うには、7つの自己啓発の要諦をわきまえておくとよい。継続的な自己啓発とは、次のいずれかに相当するはずだ。

1　人生に目的と目標を持つ

2　一日一時間本を読む

3　3人のメンター（師）を持つ

4　優れた人と接する

5　年に4～5回は勉強会や講演会でインプットを図る

6　資格取得に挑戦する

7　新しいことに挑戦し続ける

人生に目的、目標を持つというのは自己啓発の大前提だ。

前述したとおり、自己啓発とは、なりたい自分と現実の自分のギャップを埋める術である。換言すれば、自己啓発が目指すところは自分自身が目指す自分の姿だ。「朝《あした》に道を聞かば夕べに死すとも可なり」（孔子）という人生の大きな目的、目標を胸に抱いてこそ学ぶことに力が入る。人生の目的、目標なしに本物の自己啓発はあり得ない。目先の問題解決だけのための自己啓発では長続きせずに終わる。対症療法的な自己啓発では、深みは望めないのだ。深みのない自己啓発では、力とならないと心得るべきである。

では、自己啓発を進めるためにはどうすればよいか。

ありふれた言葉だが、何事も継続は力なりである。これは原理原則のひとつだ。自己啓発においても例外ではない。あらゆる機会をとらえて学び続けることこそ肝心なのである。

アンテナは高く広く上げよ

目的に向かって、一つひとつの目標をクリアするには昨日までの自分を超えるスキルとマインドが必要である。

そのためには、一日一時間は本を読む習慣を身につけること、３人のメンター（師）を持つこと、勉強会や講演会で新しい情報をインプットすることが自己啓発の基本となる。

読書家で知られる元大手商社の会長は、気に入った本は歯を磨きながらでも読んでいる。

彼のような読書家でも毎日一冊を読み切ることは困難だ。だが、一日一時間でも読めば年間３６５時間とれる。10年では３６５０時間、この累積効果や大である。

欧米には「３人のメンターを持てば、その人の人生はバラ色」という格言がある。

メンターとは人生の師とも言うべき存在だが、３つの条件がある。人として信頼・尊敬できる人物であることは当然として、人生や経営の経験と知恵が豊富である上に、お願いしたいときに時間をとって、相談に乗ってくれる人でなければならない。

この3つの条件を備えた人は、実はそう多くはいないはずだ。

しかし、人生の海に船出するに際し、指南役ともいえるメンターの存在は、間違いなく心強い。メンターは人生の財産であり、出会いは貴重である。日経新聞に「私の履歴書」というコラムがある。登場者はすべて人生の成功者ばかりだ。ある人が調べたところによると、このコラムの登場者の91％以上は、若い頃にメンターを持っていたという。

勉強会や講演会は、現在ではネットでも録画を見ることが可能だ。しかし、ライブで見ることには若干の御利益《りやく》が加わる。まず講師の生の声が聞ける。また質問のチャンスもある。次に、やや飽きてしまっても途中退出しづらい。そのおかげで、最後の最後に貴重な話が聞けたという体験もある。最後まで聞かざるを得ないというのが講演会の御利益だ。

畑違いの分野で学んで視野を広げる

私の知り合いにあるメディアの報道局長がいる。

彼は清元の師範免状を持っている。仕事とはまったく関係のない芸能の世界だが、型にはまった生き方からは、型にはまった考え方しか出てこないと、40代からある師匠の下へ通いはじめた。

彼が清元の稽古に通い出したのも、報道の世界にいるだけでは、物事を見る目が偏ってしまうと考えたからだ。

清元とは、三味線を弾きながら物語（浄瑠璃）を語る芸の一種で正しくは清元節という。

日本文化の系譜の中では比較的新しい。それでも邦楽に触れることで、日本文化が江戸期から明治、大正を経てどう変わったかを知ることができた。その知識は、目先の情報に流れがちな報道に、ひとつ芯を通すことに役立ったと彼は言っている。

経営者には座禅を組む人も多い。

中には得度《とくど》（僧侶資格を得る）した人もいる。そこから何を得るかはその人次第だが、道を究める過程は、芸能も、宗教も、経営も同じだ。

SELF-DEVELOPMENT

本は手っ取り早いメンター

メンターと言える、心から本当に信頼・尊敬できる人に出会えれば正に僥倖と言える。

だが出会えたとしても、前述したとおりその人をメンターにするには条件が整わなければならない。相談したいときに時間をとってもらえる人である、ということも条件のひとつである。

かなり古い話になるが、私は評論家のK氏といっしょに講演をしたことがある。K氏は当時すでに著名な評論家であった。一方、私はまだ本を出したばかりの頃で講演もそう多くは経験していなかった。

講演会は、先に私が前座で話をして、その後にK氏が話すという段取りになっていた。場所は関東の主要都市で、ウィークデイの午後だったと記憶している。

会場は優に５００人は収容できる広さがあった。しかし、私が壇上に立って話をしながら、聴講者の人数をざっと数えたところ１００人前後しかいなかった。１００人の聴講者は少ない人数ではないが、会場が大きいためどうしても閑散とした印象は免れない。

それでもＫ氏の講演のときには、倍くらいには増えるだろうと思っていたが、最後まであまり増えることはなかった。

講演会主催者の読み間違いである。

講演終了後にＫ氏と歓談したとき、私が「私が無名なのであまり人が集まらなかったですね」と謙遜して言うと次のような話をしてくれた。

Ｋ氏がまだ評論家として駆け出しの頃、ある大先生といっしょに地方に講演に行った。

そのときはＫ氏が前座で、その後に大先生が講演することになっていた。Ｋ氏が壇上に立つと今日よりもずっと少ない数十人しか聴講者がいなかった。Ｋ氏は予定時間を話して終わり、次に大先生が壇上に立った。

だが、大先生はあまりの人数の少なさに気分を害し、途中で演壇を降りてしまった。主催者は慌てたが、大先生の怒りは収まらなかった。

講演終了後には会食もセットされていたが、大先生といっしょではメシもまずいと
K氏は理由をつけて別行動をとったそうだ。

当時、移動は夜行寝台列車が主だった。

発車時刻に近くなったので、駅に行き列車に乗り込んだところ、何と大先生が同じ寝台の下の段にいた。

「こっちはなるべく音を立てないようにと気を使って寝ていたので、東京に着くまで満足に眠れなかった」と笑いながら話してくれた。

ブックメンターを持とう

K氏は、私が講演会の人数が少なかったことを気に病んでいると思って、若い頃の話をしてくれたのだ。このときまで、私はK氏のことを、すこしお高くとまった評論家と見ていた。しかし、私の心中を慮り、その場に最適な話をさりげなく披露する器量の大きさに感じ入り印象が変わった。内心、こういう人にメンターになってほしいと思った。

だが、当時すでに売れっ子評論家であるK氏に、相談の時間をとってもらえるメン

ターになってもらうことは極めて難しいことだ。

信頼・尊敬できて、いつでも相談に乗ってくれる相手と出会うことは決して簡単ではない。しかし、メンターとは必ずしも生きている人でなければならないとは限らない。

優れた書物も、またメンターである。

ブックメンターとは、いわゆる座右の書である。座右の書は、求め続ければ必ず見つかる。方法はひとつ。本を読み続けることだ。本を読み続けていれば、ブックメンターにはその読書量に応じて出会うことができる。

ブックメンターは自分自身の成長とともに増える

ブックメンターのよいところは、求めれば必ず見つかるという点と、一度見つかれば永遠に手元に置くことができて、いつでも読み返すことができることだ。

デール・カーネギーも、安岡正篤も、ピーター・ドラッカーも、すでにこの世にはいないが、本は今でも残っている。ブックメンターとは時間を超越して出会えるのである。

生きたメンターに出会うことは難しいが、ブックメンターは何人（何冊）でも持つことが可能だ。また、ブックメンターから得られる人生の知恵は、一度の読書だけで得られるものではない。自分自身の経験と知識によって、本から得られる知恵は変わってくる。

30代の読書では気づかなかったことを、40歳を過ぎてもう一度読んだときに発見する。あるいは、異なった環境にあるときに再び同じ本を開くと、いままで気に留めていなかったことが大事なことだったと気づく。そういう経験は、読書を続けていると何度もある。

ブックメンターは、自分自身の成長とともに増えて変わっていくのだ。

10代のときに読んだ『吾輩は猫である』と40代に読んだ同じ『吾輩は猫である』とでは受ける印象がまったく違う。

SELF-SACRIFICE（自己犠牲）

武士道の精神と騎士道の精神

自己犠牲については、私利と他利のところでも述べたが、ここでもうすこし補足する。

映画『戦場にかける橋』（１９５７年英米合作）では、英国人捕虜リーダーの騎士道精神と日本人捕虜収容所所長の武士道精神には相通じるものがあるとして、戦場という極限状態で両者の交流が描かれている。

武士道精神とは一言で言えば滅私奉公だろう。幕末に日本を旅行したシュリーマン（「トロイ遺跡」の発見者）は、税関を務める日本の武士が賄賂を受け取らないことに、敬意をこめて驚いたと旅行記に書いている。下級武士でも私利に溺れない矜持があったのだ。

騎士道精神とは、やはり一言で言えばノブリス・オブリージ（Noblesse Oblige）である。ノブリス・オブリージとは身分の高い者の義務ということだ。地位ある者は自分に心地よいことだけをしていてはいけない。自分を犠牲にしても、果たさなければならない相応の社会的責任と義務があるということだ。

滅私奉公については、次項でもうすこし詳しく述べるが、どちらも本質は自分の利益を犠牲にしてでも、世のため人のために尽くすことである。それゆえに両者の生き方は、人を感動させるほどの高い矜持を感じさせる。

己を殺して己を生かす

2018年の平昌《ピョンチャン》オリンピックで、金メダルに輝いた日本の女子「チームパシュート」の記憶は新しい。チームパシュートとは3人のスケーターが一列縦隊となって、コースを周回し最後尾の選手がゴールしたときのタイムを競うスポーツだ。

オリンピックのスピードスケート競技の中で、唯一のチーム競技といわれる。日本チームのすばらしさはチームワークにあった。チームパシュートでは、どれだけ体力を最後まで温存するかに勝負がかかっている。

そのためには風の抵抗をできるだけ受けないように、3人が同じ姿勢、同じフォーム、同じタイミングで滑らなければいけない。

しかし、選手の技術、体力には個人差がある。最も速い選手に合わせられればいいが、それでは2番手以降の選手の体力が持たない。そのため、速い選手はあえてチームで最も遅い選手にタイミングを合わせ、縦に並んだ選手間の距離を空けないようにしなければならないのだ。

チームのために、自分のパフォーマンスを犠牲にする。

それがチームの勝利に貢献することとわかっていても、これができたのは日本チームだけだった。

選手個々の実力では勝るスケート大国オランダ勢は、チームで見たときには、それぞれがばらばらで隊列が整っていない。韓国チームは一番遅い選手を置き去りにしてしまった。

対して、日本チームを正面から見たときには、一糸乱れぬチームワークで、後ろの選手は先頭の選手に隠れて姿さえが見えなかった。この女子チームパシュートこそ、己を捨てることで己を生かした好例といえる。

命を捨てるとは結果責任をとること

「命もいらず、名もいらず、官位も金もいらぬ人は、始末に困るもの也《なり》。此《こ》の始末に困る人ならでは、艱難を共にして国家の大業は成し得られぬなり」と言ったのは西郷隆盛である。西郷も私利のない人であった。

維新後、その西郷と交流のあった山岡鉄舟（江戸城無血開城の西郷・勝会談をセットした人物）は侠客清水の次郎長と親交があった。

あるとき鉄舟が次郎長に「おまえの子分で、おまえのために命を捨てる者は何人いるか」と尋ねた。

すると次郎長は「あっしのために命を捨てるような子分はひとりもおりません。あっしのために命を捨てる者はひとりもおりませんが、あっしなら子分のためにいつでも死にますぜ」と答えたという。

大親分である次郎長にこれだけの覚悟と心意気を示されたら、付いてこない子分はいないだろう。だが、子分のために親分が命を捨てるとはどういうことだろうか。

社員のために、社長が命を賭けるということは、ビジネスシーンではあり得ないことのように見える。しかし、実はそれほど珍しいことではない。

社長には命の賭け方がある。

社長が命を賭けるとは、いかなる場合でも最後の責任、すなわち結果責任（アカウンタビリティ）をとることである。

社長が社員のために命を賭けるとは、最後の骨は俺が拾ってやると社員に仕事を任せ、最終的な結果責任は社長自身でとるという覚悟に他ならない。

よい滅私奉公とは活私奉公である

SELF-SACRIFICE

滅私奉公とは、文字の意味をそのまま解釈すれば、自分を殺し公に捧げるということになる。滅私奉公には、よい滅私奉公と悪い滅私奉公がある。前述したチームパシュートは、よい滅私奉公である。自分を抑えることでチームの勝利に貢献し、さらに自分もそこで勝利を得る。よい滅私奉公は自分を生かす。

一方、悪い滅私奉公とは部署の成績のために、無理な残業をすることなどに代表される。悪い滅私奉公には、自分を生かす道がない。自分を殺すことしか知らない上司は、部下にも同じことを求める。だから無理な残業を強いるのだ。

悪い滅私奉公では、自分を殺すだけではなく、結果的にはチームまでも殺してしまう。

仕事という文字は、仕も事も「つかえる」という意味だ。つかえるとはお上に奉仕することである。仕事に対し働くとは「傍《はた》を楽《らく》にする」ことだ。我々は日常、何気なく仕事という言葉を使っているが、仕事に込める意味は「はたらく」でなければいけない。「働き方改革」とは「傍を楽にするための改革」でなければ、真の生産性の向上はない。

悪い滅私奉公から誇りは生まれない

あるセメントメーカーの元常務から彼の若い頃の話を聞いた。

昭和40年代、中央アジアの小国のひとつへ出張したときのこと、現地に赴任している大手商社の若い駐在員たちと懇親会を開いた。

宴が盛り上がってそれぞれが思いのたけを述べ合う段になった。セメントメーカーの元常務は、そのとき商社の駐在員がひとり残らず、駐在先の国のために貢献したいと言っていたことに感動したという。元常務はそのときのことが、いまでも忘れられないそうだ。

後日、私がくだんの商社の元会長と会ったときに、この話を披露した。すると会長は、それは創業者が唱えていた「三方よし」だ。駐在先の国がよくなることは、巡りめぐってわが社に還ってくる。自分の会社の利益だけという、ケチな根性ではけっしてよい仕事（働き方）はできないと言っていた。

よい滅私奉公は誇りを生む。やりがい、生きがいを生む。

つまり、よい滅私奉公とは「活私奉公」なのである。

SELF-SACRIFICE

ギブ・アンド・テイクからギブ・アンド・ギブンへ

自己犠牲は犬死にではない。回りまわって自分へのプレゼントが必ず戻ってくる。

昔の人は、自己犠牲の真価をこう謳っている。

「身を削り　人をば救う　すりこぎの　この味知れる　人ぞ尊き」

幕末の篤農家二宮尊徳は、いくつものつぶれかけた村を復興させてきたが、着任するとまず自分の全財産を村の復興資金として寄付した。その後は文字通りの一文なしになる。しかし、尊徳が暮らしに困ることはなかった。

尊徳の厚意に感銘を受けた村人から、食べ物や生活に必要な物が次々と届けられたからである。尊徳の、損得を超えた行動に村人は心を動かされたのだ。

孟子は徳を施すことで、軍を強化しなくても領土は増えると言っている。

ある国は周囲の国を侵略するために軍を強化し、軍の強化のための資金を確保するため民に重税を課していた。重税に耐えられなくなった民衆は、隣の国へ逃げる。隣国の王は徳が高く、逃げ込んできた民衆を受け入れるだけでなく、戻りたいものには食料や資金を与えて帰らせてやった。こうしたことが何年も続いた。

与えよ、さらば与えられん

隣国で救済され再び母国に戻った民衆は、隣国の王の徳の高さを周囲の人々に語った。隣国の王の声望は高まり、自分たちの王に迎えたいという声が広がった。

隣国の軍隊は強大ではなかったが、民衆からの期待の声に動かされ軍を進めると、行く先々の民衆から歓迎され、食料や水の供給はもとより、兵に志願する者も続々と現れた。敵国の兵の中からも、戦わないうちから隣国の軍に寝返るものが多かった。

隣国の王は、結局、軍を進めるだけで戦うことなく領土を広げることができた。

敵国の王は〝テイク・アンド・テイク〟である。対して隣国の王や尊徳の行動は、〝ギブ・アンド・テイク〟ではない。〝ギブ・アンド・ギブン〟である。与えた後に与えられたのだ。

ギブ・アンド・ギブンは、我々でもできる。肝心なことは身銭を切るということだ。

痛みの伴わないギブは必ず見透かされる。会社の金で2万円のフランス料理のフルコースをご馳走になるよりも、上司が自腹を切った焼き鳥に部下は心を動かされるものだ。

第8章

人間力
健康

► To Do Good の前にTo Be Good であれ
► 会社も人も年に一度は健康診断を

LEADERSHIP
HUMAN POWER／人間力
HEALTH／健康

人間力とは"To Do Good"の前に"To Be Good"であることだ

人を動かすためにはふたつのパワー（力）がある。

ポジションパワー（肩書、地位）とヒューマンパワー（人間力）である。

地位の面での上位者は部下に命令を下す権限を持っている。したがって部下は上司に従うが、心から納得して従っているのか、上司の命令権というパワーに、イヤイヤながら従っているのかはわからない。

イヤイヤ感が伴いかねないのだ。

一方、ヒューマンパワー（人間力）に優れた上司には、部下は心から納得して従う。そこにはワクワク感が生まれる。この両者の差はとてつもなく大きい。月とスッポン、ハゲと刷毛《はけ》ほどの差がある。

要は、ポジションパワーは、組織上の仮の約束事ではあるものの、それだけでは不十分であり、人を動かす真の力はヒューマンパワー、すなわち人間力であるということだ。

人の本音は行動に表れる

人間力とは、行動にその真実が表れる。

「巧言令色鮮《すくな》し仁《じん》」という。「すべての人を一時的に騙すことはできる。一部の人を永久に騙すことはできる。だが、すべての人を永久に騙すことはできない」というリンカーン大統領の言葉もある。

言葉や態度は、表面的に繕うことができるが、長い時間繕い続けることは人間には不可能だ。行動は、遅かれ早かれ必ず本音を露呈する。他人はその本音を見抜く。結果としてその人に対する評価が決まる。

人の行動には、善行もあるが悪行もある。部下に無関心な上司は、部下の善行も知らないが悪行にも気が付かない。

人間力の高い上司は、人はややもすれば悪行に落ちる動物であることを知っているので、肝心なところを見過ごすことが少ない。部下の不祥事を未然に防ぐことができないのは、いわば上司の人間力不足に根本の原因がある。

社内の制度や規則だけを整えても、仏つくって魂入れずに終わる。魂の根源は上司の人間力、なかんずく社長の人間力に起因する。

「指導者が人を心から奮い立たせるものは、立派なイデオロギーや論理ではなく、人間的魅力である」（伊藤肇）という。

人間を学んでいる上司は、人の限界や弱さを理解しているため、部下に困難な仕事を与えることはあっても、無理な仕事を無茶振りすることはない。部下に関心のない上司が、部下を無茶なストレス過多に追い込む。某大手広告代理店のように、将来性の豊かな若い社員をふたりも自殺に追い込んでしまう。

「上、三年にして下を知り、下、三日にして上を知る」という。部下とは、上司の本音と本性を驚くほど正確に見抜く怖い存在でもある。

人間力の高い上司は、この事実もよく知っているから、うわべだけの励ましや誉め言葉では部下に通じないことを痛いほど知っている。したがって、日常的に自分の言動を厳しく律している。人の心をよく理解して、部下と接している上司の指示や命令は、部下にとってポジションパワー（肩書・地位）から発せられたものとは響かない。人間理解の高い上司の指示や命令は、ヒューマンパワー（人間力）から発せられたも

図表●人間力が人間関係に及ぼす効果

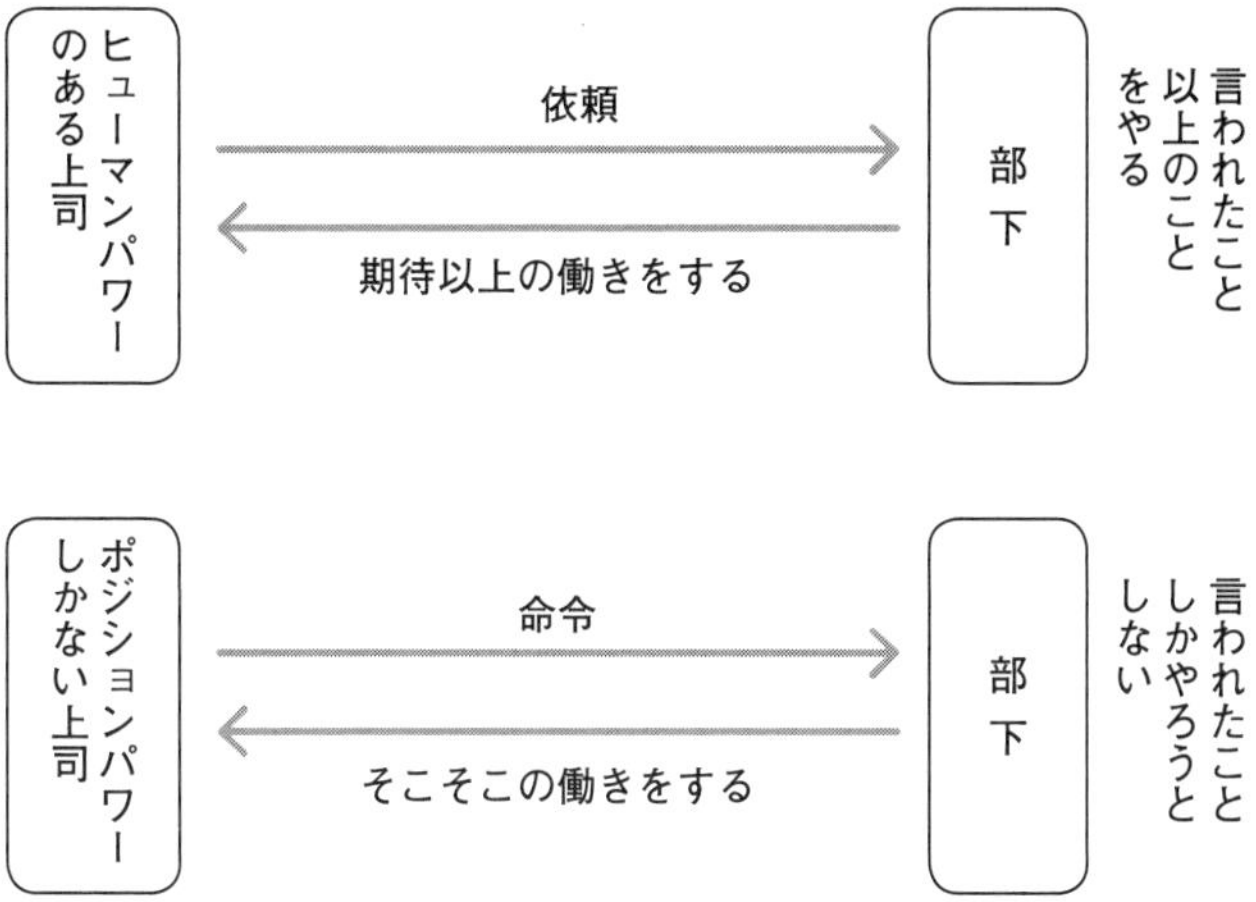

のと納得する。

結果として、部下はポジションパワーを武器とした指示や命令には、いやいや従うのに対して、ヒューマンパワーに支えられた指示や命令には「何としてでも成し遂げよう」と積極的な意欲と、自主的な使命感、責任感を持って向き合うのである。

H U M A N P O W E R

人間にとって最も幸せなことは良好な人間関係

アメリカの主要都市ボストンで、人間にとって人生の幸福に最も影響のある要因は何かというアンケートをとった。その結果、ボストンの一般男性で456名、地元の大学であるハーバード大学の卒業生で262名の中の80％強の人が「良好な人間関係である」と答えたという。精神神経科の医師（実は私の長男）の言によると、精神的悩みを抱えて相談に来る患者の80％は人間関係が原因であるという。

反対に家庭でも、職場でも、コミュニティでも、人間関係が良好であることは人生の幸福に直結する。よき家族、よき友人、よき先輩・後輩は人生の宝である。

よい人間関係に恵まれることは、それだけで幸福を感じる。だが、それだけではない。困難を乗り切るときにも、よい人間関係に恵まれていれば、それが励ましになるし具体的な助けを得ることにもつながる。

仕事はチームでやり、チームで結果を出すものだ。

チームの人間関係は、単なる「仲良し倶楽部」では大きな効果は期待できないもの、それでも人間関係が悪いよりは、はるかにましである。人間関係が悪くなる要因の多くは、メンバー個々のエゴに起因する。

好き嫌いは超越できないが人間関係は改善できる

仏教の教えである「四苦八苦」のひとつに人間関係の問題がある。

それが「怨憎会苦《おんぞうえく》」だ。嫌いな人、恨みに思っている人に会わなければならない苦しみということである。２５００年前に仏教が生まれたときから、否それよりはるか以前から人は人間関係に悩み、よい人間関係を求めていたのだ。

人間関係とは、これほどに根の深い問題であるから、現代人の多くが幸せの条件として良好な人間関係を挙げるというのは当然と言える。人間関係で失敗する人は、すべての人が自分を理解してくれていると思い込んでいることが多い。しかし、それは自分の自画像を４割増しでハンサムに描く陥穽《かんせい》に落ちている証拠だ。自分を十分に理解していない人と良好な人間関係を築くには、こちらから積極的な働きかけをすることが肝要である。

「愛情の反意語は憎しみではなく無関心である」（マザー・テレサ）という。

良好な人間関係を築く力も、やはり人間力の大きな要素である。信頼と尊敬を覚える人に対しては、人は進んで近づこうとする。謙虚な姿勢で親しみを表す。

人は、人との関係の中で安心する動物である。マズローの欲求五段階説では、生存、安全の欲求の次に集団に帰属する欲求が来る。衣食足りて礼節を知ると言うが、食べ物と命の危険がなくなったとき、人は何らかの集団の一員になることを求める社会的動物である。

人は本源的に人と関わっていなければ生きていけない。

したがって先述したとおり、相手に関心を示すということは、良好な人間関係を築く基本中の基本だ。

相手の心に良質の働きかけをすることを心理学ではストロークという。ストロークは言葉でも態度でもよいが、態度や行動はときに相手に伝わりにくいことがある。より明瞭で正しいストロークを打つには、まず好意的な言葉で相手に対する関心を示すことが入り口といえよう。

人間関係を支えるのは、心の懸け橋（ラポール）である。ラポールとは、心が通い合っていて何でも話せる心理的な関係だ。

どんな相手ともラポールのある関係を築くことができる人は、人間関係づくりの達人級の人間力を備えた人である。

HUMAN POWER

人生の四季（青春、朱夏、白秋、玄冬）とVSOP

昔の人は、人の一生を四季になぞらえていた。

若い時代は春である。10代から20代は青春時代だ。未熟ではあるものの活力がある。失敗しても十分にそれを補える生命力にあふれた時代である。不安定な時代ではあるが、恐らくすべての人にとって最も魅力的な時代のはずだ。

青年期から壮年期は夏である。いわゆる脂の乗った時期だ。仕事の上でも責任のあるポジションに就き、大きな仕事を任せられるときである。人生で重要なことが続く。家庭を持つのもこの時期が多い。この時代の経験は、ほぼ人生の方向を決める。

春の時代を青春というように、夏は朱夏《しゅか》という。朱は赤という意味だ。春が青、夏が朱ときて、白秋が続く。秋は白である。人生の秋とは、熟年時代である。人生の一つの節目である。秋は自然界でも実りの秋《とき》だ。中年から初老の時代、人生の秋には、それまでの人生の結果が出てくる。

最後に来る冬は老境である。昔の人は、この時代を晩節と捉えていた。冬は玄冬という。玄とは黒色のことだ。青、朱、白、玄は色を意味する他、それぞれ方位を意味している。青は東、朱は南、白は西、玄は北である。東は陽が昇る方角、南は陽が最も高い方角、西は斜陽、北は最も生命力に乏しい場所である。

人生の勝負はＶＳＯＰ

昔の人が、人生を四季になぞらえたのに対し、私は人生はＶＳＯＰだと唱えている。Ｖ：Vitality　20代は体力と活力で勝負、Ｓ：Specialty　30代は専門性で勝負、Ｏ：Originality　40代は独自性で勝負、Ｐ：Personality　50代以降は人間力で勝負。

ＶとＳはトレーニング（勉強）が肝心。Ｏは教科書には書いていないこと、実体験から得た知恵（見識）がベースである。Ｐは、50代以降は体力や記憶力、発想力が衰えるから人間力で補うということではない。もはや体力、知力だけでは務まらない立場にあるのが50代だからだ。総合力としての人間力がなければ、年代に相応《ふさわ》しい振る舞いはおぼつかない。

もうひとつ、大事なことがある。それは、心は常に青春時代にあるということだ。年代は玄冬、あるいは50代であっても、心は青春時代の真ん中でなければならない。その理由は、サミュエル・ウルマンの次の詩からも読み取れる。

サミュエル・ウルマン「青春」

青春とは人生のある期間をいうのではなく、心の様相《ようそう》をいうのだ。

優れた創造力、逞《たくま》しき意志、炎《も》ゆる情熱、怯懦《きょうだ》を却《しりぞ》ける勇猛心《ゆうもうしん》、安易を振り捨てる冒険心、こういう様相を青春というのだ。

年を重ねただけで人は老いない。理想を失う時に初めて老いがくる。

歳月は皮膚のしわを増すが、情熱を失う時に精神はしぼむ。

苦悶《くもん》や、狐疑《こぎ》や、不安、恐怖、失望、こういうものこそあたかも長年月《ちょうねんげつ》のごとく人を老いさせ、精気《せいき》ある魂をも芥《あくた》に帰《き》せしめてしまう。

年は七十であろうと十六であろうと、その胸中に抱《いだ》き得るものは何か。

曰《いわ》く、驚異への愛慕心《あいぼしん》、空にきらめく星辰《せいしん》、その輝きにも似たる事物や思想に対する欽仰《きんぎょう》、事に処する剛毅な挑戦、小児のごとく求めて止まぬ探求心、人生への歓喜と興味。

人は信念と共に若く、疑惑と共に老ゆる。

人は自信と共に若く、恐怖と共に老ゆる。

希望ある限り若く、失望と共に老い朽ちる。

大地より、神より、人より、美と喜悦《きえつ》、勇気と壮大、そして偉力の霊感を受ける限り、人の若さは失われない。

これらの霊感が絶え、悲歎《ひたん》の白雪《はくせつ》が人の心の奥までもおおいつくし、皮肉の厚氷《あつごおり》がこれを固くとざすに至れば、この時にこそ人は全くに老いて、神の憐《あわれ》みを乞《こ》うる他はなくなる。


（訳・岡田義夫）

HEALTH（健康）

会社も社長も定期健診を

リーダーは心身ともに健康でなければならない。

「健全なる精神は健全なる身体に宿る」と言うが、身体が健やかという状態は、多くの場合、心が健やかであることに直結する。心の健やかな人は、思考や行動が健やかである。

だが、一病息災というように、病気を抱えていても行動は健やかな人は、やはり健康的な人と言える。病気は未然に防ぐに越したことはない。それは社長も、会社も同じだ。

そこでお勧めしたいことがある。

病気が手遅れになり、重症化する前に発見するためには、定期的な健康診断を受ける必要がある。身体の健康診断は医療機関でチェックできるが、会社の健康診断には

図表●会社の健康診断表

		評価基準	配点(A)	評価(B)(1-4)	合計点(A×B)	対策
①経営者品質	情熱	1）経営者の情熱・夢・志				
		2）職場の情熱度・活性度				
	方向性					
	理念理念(ミッション・ビジョン・バリュー)	1）理解度・納得度・活用度				
	目標(SMART)	2）理解度・納得度				
	戦略(成長戦略・革新力)	3）理解度・納得度				
②	社員品質・満足	1）スキル(仕事力)				
		2）マインド(人間力＝信頼・尊敬・意欲)				
		3）(正しい)満足(誇り・達成感・自己実現感)				
③	商品・サービス品質	1）流れの提供				
		2）優位性を伴った差別化				
		3）コスト競争力				
④	顧客・社会満足	顧客感動(冷えた4本のビール)・社会貢献				
⑤	業績	売上・利益				
⑥	株主満足	株価・配当				
		合計	25			

評価：１＝非常に不満足　4=非常に満足

決まった診断機関や診断メニューがあるというわけではない。私は次の会社の健康診断表で、経営の健全度をチェックしている。健康項目に該当する点が多く、不健康項目に該当する点がなければ健全経営ということになる。

病気になったら医師の力と意志の力が必要

健康管理に気を付け、健康診断を受け続けていても病気になることはある。人も会社も同じだ。病気になったら治さなければならない。原因究明は必要だが、緊急事態であればまずは延命策である。次に病原の除去、または体力の回復である。治療のためには医師の力が必要だ。

会社の治療も同様で、金融機関からの輸血（借り入れ）や支払いの延期で延命を図ることが喫緊《きっきん》の課題となるケースが多い。会社自体の体力だけでは、事態を乗り切れない場合、他者の力を借りなければならないからだ。

人の身体には、健康な状態を維持しようとする力がある。会社は、本来、間違った経営をしていなければ儲かるようにできている。

どちらにも自然回復力が備わっているのだ。一時的な延命治療は、医師（他社）の力を要するが、本源的な回復には我々の身体の持つ治癒力を発揮しなければならない。そのために求められるのは医師の力ではなく、意志の力である。

会社の意志の力とは、先頭に立っている社長とそれに続く社員の意志に他ならない。

HEALTH

健康な会社づくりには健全なサイクルがある

人の健康には、規則正しい生活が基本である。実は企業の健康でも同じことが言える。健全経営のためには、やはり規則正しい流儀で経営しなければいけない。この規則正しい経営の流儀のことを私は「黄金のサイクル」と呼んでいる。

この「黄金のサイクル」に沿って経営をしていれば、よほどの天変地異でも起こらない限り企業は健全に発展を続けることができる。だから「黄金」と名付けた。この「黄金のサイクル」には、これまでの私の経営体験から得たすべてが詰まっている。大げさな表現をお許しいただければ、私の経営者人生のエッセンスから生まれた、健全経営の極意とも言える。それが次ページの図だ。黄金のサイクルの起点は社長である。

企業で起こるすべてのことは、よいことであっても、悪いことであっても、その起点は社長である。したがって、黄金のサイクルも、やはり社長からはじまる。社長品質とは、すなわち社長の仕事力と人間力だ。

スタートは社長、ゴールも社長

社長の仕事力と人間力が高まれば、時間の経過とともにそれは社員品質に影響を及ぼし、社員の力が上がる。社員の力が上がれば、チームや組織の力が上がる。チームや組織の力が上がれば商品やサービスの品質も上がるため、お客さまは喜んで金を払おうとする。

繰り返し言うと、現場で商品を作っているのは社員であり、直接お客さまに接しているのも社員なのだから、社員の力が上がれば会社の商品・サービスの品質が上がるのだ。

商品・サービスの品質が上がれば、それを利用しているお客さまの満足度（ＣＳ）

図表●黄金のサイクル

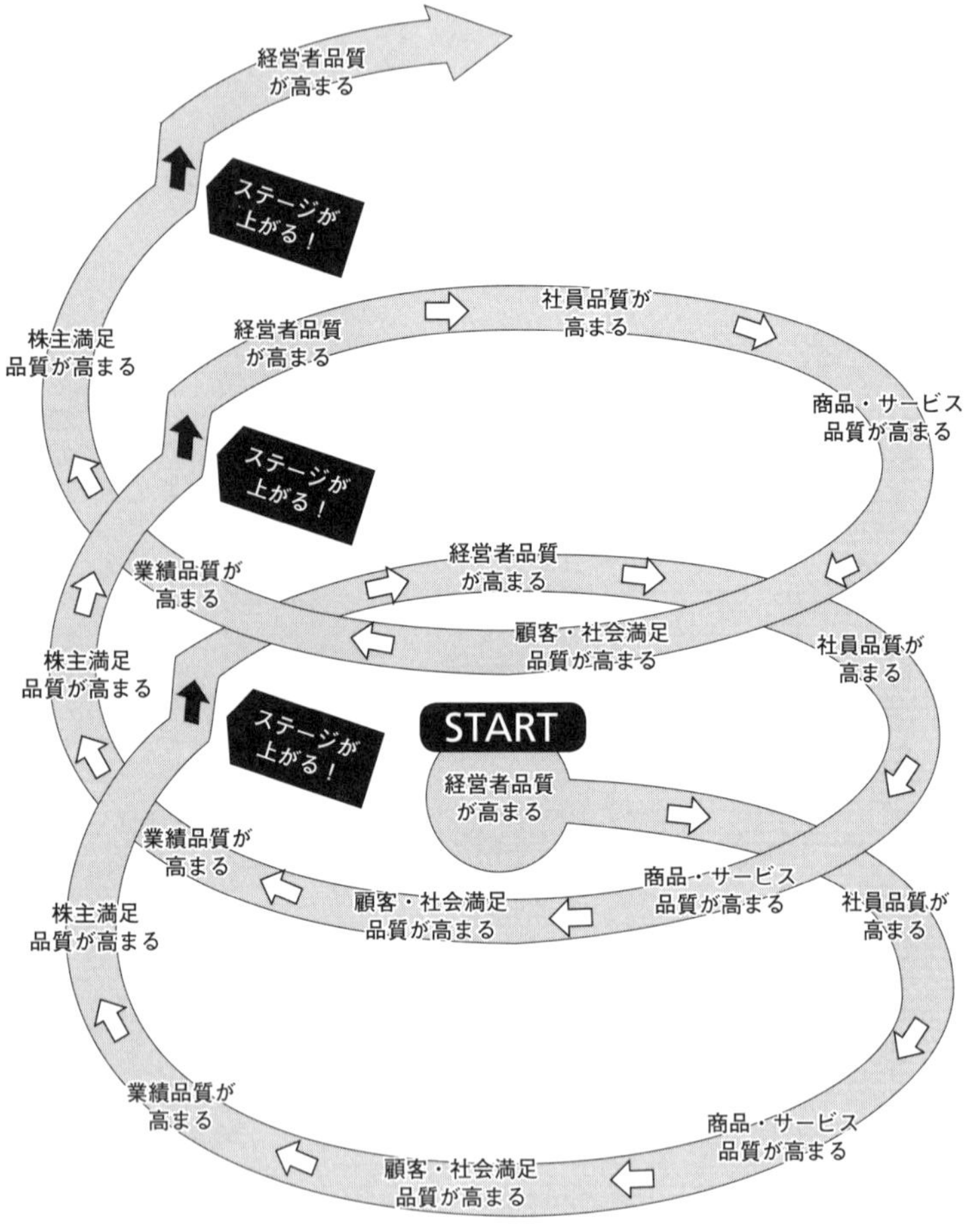
START
経営者品質
が高まる
社員品質が
高まる
商品・サービス
品質が高まる
顧客・社会満足
品質が高まる
業績品質が
高まる
株主満足
品質が高まる
ステージが
上がる！
経営者品質
が高まる
社員品質が
高まる
商品・サービス
品質が高まる
顧客・社会満足
品質が高まる
業績品質が
高まる
株主満足
品質が高まる
ステージが
上がる！
経営者品質
が高まる
社員品質が
高まる
商品・サービス
品質が高まる
顧客・社会満足
品質が高まる
業績品質が
高まる
株主満足
品質が高まる
ステージが
上がる！
経営者品質
が高まる

が上がる。お客さまの満足度が上がれば、社会からの認知度も上がり、同時に社会からの信頼度も上がる。

お客さま満足度や社会満足度が上がれば、当然の結果として会社の業績が上がる。会社の業績が上がれば会社の評価が上がり企業価値が上がる。企業価値が上がれば、株価が上がる、株価が上がれば株主の資産が増え、株主満足度も上がる。株主満足度が上がると、社長の評価と期待度が上がる。社長は株主の期待に応えるべく、新たな目標に向かって挑戦をスタートする。こうして次のステージへサイクルは進んでいく。

HEALTH

健全で健康なリーダーの条件

リーダーにはＦＵＮが大切である。ＦＵＮとは楽しむということだ。ジョンソン・エンド・ジョンソンアメリカ総本社の元ＣＥＯジェームズ・バーク氏が、私を含む全世界の幹部社員によく言っていたのが「ＦＵＮでなければいい仕事はできない」というものだった。

仕事は3つに分類される。①楽しい仕事、②楽しくない仕事、③楽しくやる仕事、の3種類である。①なら問題ないが、不幸にして②であったら「心のチャンネル」を切り替えて③の「楽しくやる仕事」に転換することである。

仕事には、完璧に仕上げることの困難な仕事はあっても、その気になれば楽しめない仕事はない。もし、仕事が楽しめなければ、それは仕事のせいではなく自分の心に問題があると考えるべきである。苦手と思った仕事でも、3年間一生懸命に取りくめば自分の得意技に変えることができるものだ。FUNという言葉は「不安」とも読める。ファン（楽しい）と不安の格差はとてつもなく大きい。

社員が仕事を楽しめない原因で、最も大きいのがリーダーが仕事を楽しんでいないことだ。リーダーが仕事を楽しめなくて、どうして部下が仕事を楽しめるだろうか。リーダーが仕事を楽しむには、ひとつ条件がある。それは心身が健康であることだ。リーダー自身の心身の健康は、職場の健康、会社の健康、そして家庭の健康である。

現代人の病の元凶

積極的に健康管理を行うことや定期健診の必要性は、すでに述べたとおりである。病は気からという言葉がある。現代人の病気は、ストレスが原因であることが多い。ストレスマネージメントは健康管理の第一歩といえよう。ストレスレベルがゼロであれば、人の活動は全停止状態となるから、ストレスがなければよいというわけではない。

過剰なストレスが問題なのである。

少々のストレスはやる気を刺激することもある。しかし、過剰なストレスは人を押しつぶす。ストレスを過剰に肥大させないためには、ストレスをコントロールするスキルが求められる。そのひとつがポジティブ思考である。私はこれを「陽転の発想」と呼んでいる。

しかし、あまり過剰なストレスはポジティブ思考さえ奪ってしまうことがある。好きで就いた仕事にもかかわらず、仕事を続けることがつらいというのは、ストレス過剰の危険シグナルだ。「陰転の発想」が生まれがちになる。そういうときには一時避難するのが最善である。

具体的には、私は次の手段を勧めている。

ストレス解消はSTRESSで

過剰なストレスから解放されるためには、まずはストレスのかかる環境から一時的にでも離れることである。物理的、地理的に離れるだけでなく、精神的にも離れることのできる方法がストレスの過剰な肥大を防ぐ有効策となる。

ストレス解消のためには「STRESS」が必要である。「STRESS」とは次の5つの言葉の頭文字だ。S：SPORTS　スポーツ、T：TRAVEL　旅行、R：RECREATION　リクリエーション、E：EAT　食べる、S：SLEEP　睡眠、S：SMILE　笑顔である。

スポーツをしているときは、精神的にも没頭できるし、肉体的にも健全な疲れを覚えるので睡眠も深くなる。

旅行は、とにかく一定時間ストレスの現場から離れることで、精神的な回復を図ることができる。過剰なストレスからしばらく離れてみると、意外にストレスの原因だったことが懐かしくなったり、これまでとは異なる視点で見られるようにもなる。

食べることを楽しむことも、一時的にストレスから離れることにつながる。ただし、楽しめない食事はかえってストレスを悪化させることにもつながりかねない。いわゆるストレスによる大食、ストレス太りという現象だ。

睡眠の重要さは言うまでもないが、睡眠の質を上げることも大切である。よく眠ることはリフレッシュの決め手だ。

スマイル（笑顔）は、ストレス解消の効果を5割増しにする御利益がある。ストレスのもとは人間同士のエゴにあるが、エガオはエゴに打ち克つ。

ご参考までに私の若さと健康の秘訣もご披露しよう。

私は2018年現在81歳である。だが、意外なことに周囲の印象はもっと若いと思うようだ。その理由は私の年の取り方にある。〝I am 81 years YOUNG.〟。81歳を81 years oldとは言わない。YOUNG と言う。

ふたつめは、毎年、納得目標を掲げ追い続けているということだ。例を挙げれば、ここ数年の目標は、海外旅行、いまはヨーロッパ中心だが、年に3回は行く。そして年に本を2冊出版するなどである。3つめは、なるべく若い人と付き合うことだ。若い経営者、ビジネスパーソンと付き合うことで、彼らから新鮮な発想と元気をもらっている。私は経験知を与え、彼らからは若さのエネルギーをもらっているのだ。等価交換どころか、私のもらいの方が大きい。

第9章

改革
高潔

▶馬車を10台つなげても列車にはならない
▶高潔は高業績を生む

LEADERSHIP
INNOVATION／改革
INTEGRITY／高潔

INNOVATION（改革）

改善は今あるものに継ぎ足すこと。革新はゼロから考えること

企業には、不断の改善と時折の革新が必要である。

改善とは、現状をベースにして小さな変化をたゆみなく繰り返すことだ。一方、革新は現在のステージからの飛躍（ジャンプ・アップ）を伴う。改善が地続きであるのに対し、革新は壁や溝を飛び越えなくてはならない。先述したように人は変化を恐れる。その理由のひとつは変化に伴う失敗を恐れるからだ。ジャンプは着地に失敗すれば怪我をするかもしれない。

その点、改善は変化が徐々に起きるためリスクフリーである。必然的に受け入れやすい。

ゆでガエル症候群とは、カエルは水温が徐々に上昇すると変化を感じないため、熱湯から飛び出すタイミングを逃し、いつの間にかゆで上がってしまうという話だ。

ゆでガエル症候群は悪い例だが、よいほうに解釈すれば小さな改善を積み重ねていくと、改善している当人も気づかぬうちに、飛躍的な改善（すなわち革新）が実現しているということがある。

改善は漸進的、革新は急進的

改善で最も大事なことは、前にも述べたとおり継続である。

改善の変化は小さいため、長い時間をかけて継続しないことには大きな結果にはつながらない。一方、リスクフリーの漸進《ぜんしん》的な変化であるがゆえに、現場の人には比較的抵抗なく受け入れられる。今日の改善は昨日の延長であり、明日の改善は今日の延長である。

しかし、鴨長明の「ゆく川の流れは絶えずして、しかも元の水にあらず」のように、実際は同じように見えても改善を続けている職場は、川の流れに取り残されない。とりあえず時代の変化に付いていくことができる。

一方、改善が「変化にとりあえず付いていくことができる」のに対し、革新はゲームチェンジであり、ガラガラポン！　である。

人々の周囲の景色も環境もガラリと変わる。そのため衝撃が大きい。したがって革新はボトムアップでは不可能だ。トップダウンでエイヤ！　とばかりに断行するしか術はない。改善と革新はときに重なって見える。だが、肝心なことは両者を混同しないことだ。次ページに、改善と革新の特徴的な違いをまとめた。

繰り返しになるが、改善が継続であるのに対し、革新とは断続である。前例や現状を否定したガラガラポン！　の世界である。企業には、その成長に応じてステージがある。ステージとステージの間に梯子《はしご》や橋はない。あるのは壁か溝だ。したがって次のステージに行くには現状を飛び越える、飛躍が必要なのである。〝Quantum Leap〟の次元である。改善が、しっかりと歩みを続ける行為であるのに対し、革新は壁を飛び越える行為である。

和を以《もつ》て貴しとなす日本人は、総じて改善は得意である。改善はどちらかというと現場志向のチームワークによってその実が上がる。ボトムアップの風土は日本企業のよき文化のひとつだ。だが保守的な気風の強い日本企業、特に大企業では、大きな変化は和を乱すとして避けたがる空気が依然としてある。社長も和を重視するタイプの人が多い。結果として二律背反が起きる。和を重視するタイプはチームワークには優

図表●改善と革新の違い

	改善	改革
主役	現場主導	社長主導
影響	部分的	全社的
効果	小さい	大きい
予算	小規模	(多くの場合) 大規模
期間	短期	長期
リスク	小さい	大きい
成功の鍵	継続力	社長の決断力

れているが、リーダーとしての大胆な決断力が弱くなりがちだ。決断がなければ、ちまちまとした改善は可能でも、大胆な革新はおぼつかない。

また、多くの日本企業はいったんひとつの戦略を決めたら、一方向、すなわち前進戦略しか持たない。革新はリスクを伴うため、撤退戦略がなければ失敗した場合に、取り返しのつかない大きな傷を負う。残る道は玉砕である。革新には2方向（前進・撤退）戦略が必要だ。この点では、どちらかと言えば欧米企業のほうが一歩先んじている。

3Mというアメリカのエクセレント・カンパニーには、就業時間の15%までを好きな仕事に使っていいという

「15％」ルールがある。一方、多くの欧米企業には新規事業やM＆Aが予定通りの成果を挙げない場合の〝EXIT　PLAN〟（撤退計画）があらかじめ定められている。

INNOVATION

改善も長く続けりゃ革新だ

コストや販管費を毎年5％削減するというのは改善である。

しかし、毎年コストや販管費を13年間継続的に削減すれば削減率は50％となる。50％は改善ではない。革新である。

時間はかかるけれども、改善も積み重ねていけば、やがて革新に至る。「改善も長く続けりゃ革新だ」という自作の歌が生まれる。

短期間にビッグカンパニーになろうと思えば、革新に次ぐ革新で企業を大きくしなければならない。ギャップを飛び越えるという革新は、大なり小なりギャンブルである。

図表●革新はジャンプアップ

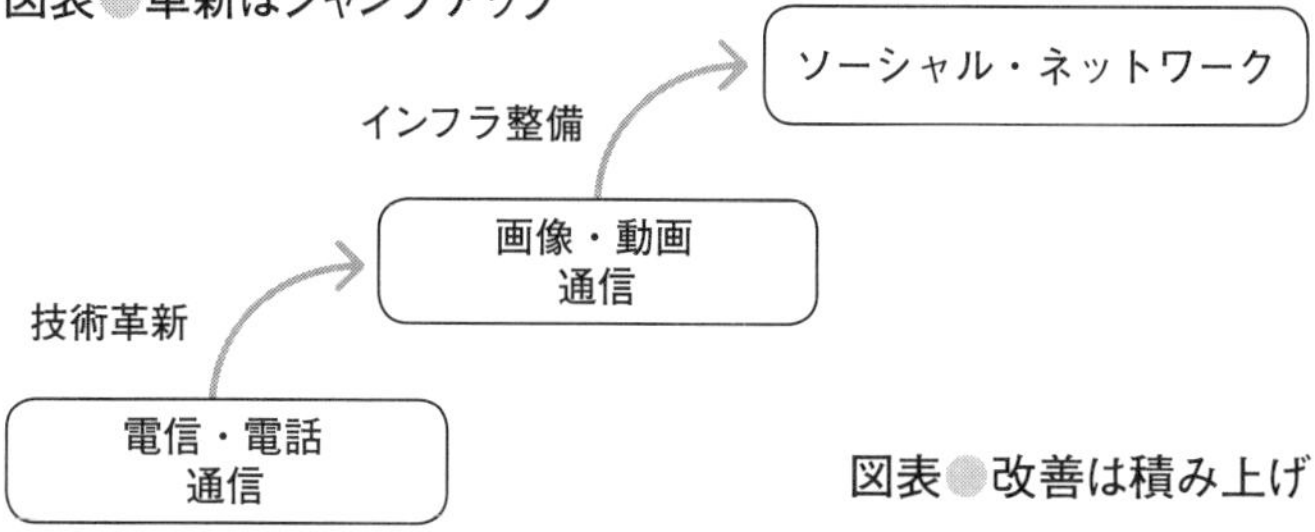

図表●改善は積み上げ

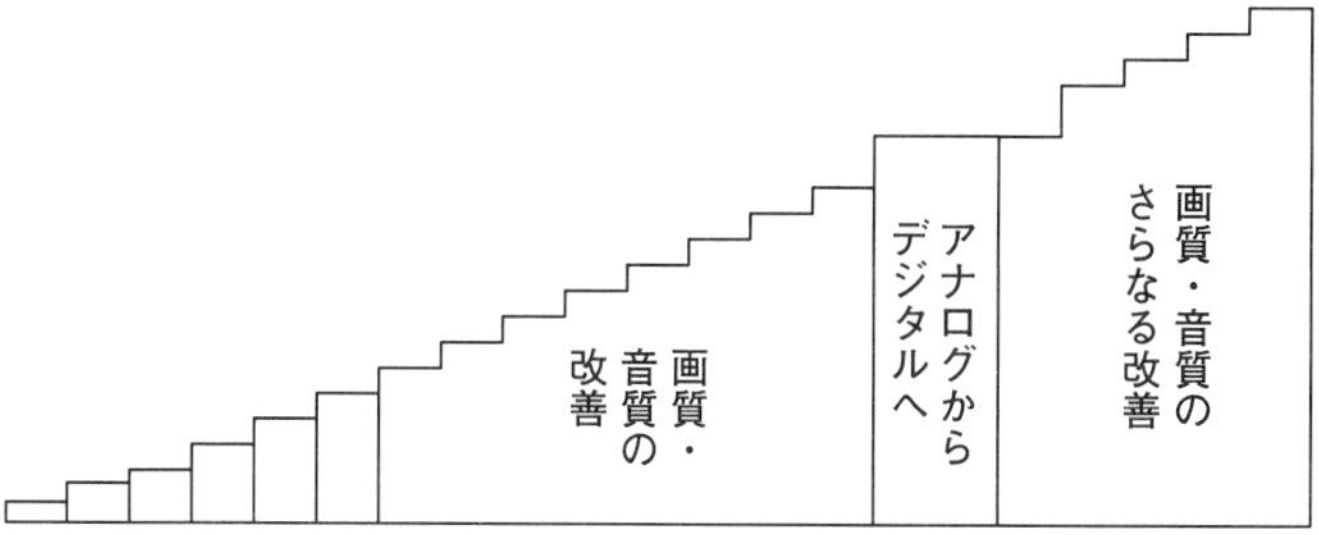

企業が成長する過程では、あえてギャンブルに踏み切ることもある。

しかし、ギャンブルを繰り返すことにばかり目を奪われていると肝心なことを見落とす。それは企業規模の拡大（ビッグ）だけを追っていて、経営の品質（グッド）を等閑視するということだ。

ビッグに心を奪われてグッドを軽く見る経営は、遅かれ早かれ馬脚を現す破目になる。革新によりビッグを図る前に、改善の積み重ねによるグッドが肝心なのだ。

だが、経営者、特に経験不足の若手の経営者はこの点を見落としがちである。

継続させる力こそ人間力

前ページの図のように、画像や動画の双方向通信は、画質や音質の改善という小さな改善の積み重ねと、インターネットのようなＩＴインフラの革新に飛び乗ることでビジネス化したものだ。

つまり、革新のタイミングとは、改善を積み上げた技術があってはじめて得られたのである。改善は革新のジャンプ台といえよう。

しかし改善は歩幅が小さいため刺激も少なく、ともすれば倦怠感が伴いがちである。ひとたび意欲が失われると、改善は現場に任されていることだけに、あっという間に雲散霧消してしまう。

これが改善の弱みであり、改善の弱みとは人の心の弱みでもある。

倦怠感に陥りがちな改善に持続的な刺激を与え、意欲を回復させる施策が打てるのは、人間を深く理解しているリーダーだけである。

人は永遠に改善せよと言われたら、それは無間《むげん》地獄と捉える。

したがって、無限の改善にもポイント、ポイントで節目となるカンフル剤が必要だ。改善はチームで行い、褒賞もチームに対して行う。人は、自分個人の名誉や報酬と同様に、チームに貢献することに喜びを覚えるからだ。

こうした施策を適宜に打ち込むことが、改善を永続化させる手法である。

ちなみにグループとチームの違いとは何か。

グループとは人の群れである。人が10人集まれば、そこにはグループが生まれる。

10人のグループが目的や目標を共有するとチームが生まれる。

企業の中で必要なのはグループではない。

チームである。

INNOVATION

馬車を10台つないでも列車にはならない

表題の言葉は経済学者ヨーゼフ・シュンペーターのものだ。企業活動のイノベーション（革新）が、経済の大きな原動力となることを主張した人である。

1台の馬車が1馬力とすれば、10台つなげば10馬力となる。しかし、何台つなごうとも馬力は上がるが、馬車はしょせん馬車でしかない。馬車をつなぐのは改善である。

一方、馬車を列車にするのがイノベーションだ。

馬車が列車や自動車になったときに、イノベーションは起きる。蒸気機関車が誕生したとき、イギリスでは馬車の業者たちの鉄道反対運動が起きた。蒸気機関車によって彼らの職が奪われると思ったからだ。

たしかに鉄道の発展によって都会の馬車は減ったが、産業の発展は彼らに別の職場を与えた。そして、その職場の数は飛躍的に増えた。イノベーションは社会を変える。変わるとは、新たなチャンスが生まれることを意味する。

ITの普及により現在人が行っている仕事の半分は無用化するというまことしやかな説があるが、消えた後には新しい仕事が登場する。

イノベーションが産業を生む

馬車のイノベーションとして生まれたもうひとつの輸送手段、自動車は20世紀に大発展した産業のひとつだ。しかし自動車の動力は、昔もいまも基本構造の変わらない内燃機関かモーターである。

燃料を水素にすることで、自動車はイノベーションの仲間入りを果たせそうだが、エアバッグ、エンジンのコンピューター制御、ナビシステムなどは、高い技術を背景にしているものの、自動車の性能としては改善の範疇《はんちゅう》を超えていない。

自動運転システムの導入が実現すれば、そこで大きなイノベーションが生まれるはずだ。

自動車が、その多くを担っている物流は、ドローンの発展によってイノベーションを期待されている。日本の産業の大半を占めるサービス産業は、基本的に改善の職場である。しかし、改善の結果、サービス品質が上がれば感動を誘うものとなる。感動を呼ぶようなサービス品質を実現できれば、それはもはや革新に近いといえるだろう。

ファストフードの代表である「マクドナルド」は、レイ・クロックに見いだされる前は地方の一ハンバーガーショップでしかなかった。しかし、レイ・クロックはこの小さなハンバーガーショップにファストフードチェーンの原型を見た。

その店では、フォードの工場のような効率化と省力化が行われ、品質とサービスの安定化がなされていたからだ。レイ・クロックとマクドナルドは、そのシステムによってハンバーガーショップを超え、ファーストフードチェーンという業態へ革新を果たした。

革新は昨日までの常識をくつがえす。昨日までの常識は通用しないのだから、一寸先は闇である。だから、革新には社長の決断が必要なのだ。革新なき企業には、飛躍的な成長もない。

富士フイルムは、日本を代表するフィルムメーカーであったが、いまや化粧品、メディカルの分野で着実に実績を伸ばしている。更には大胆な企業買収も手がけている。

ボーイング社はアメリカ空軍の爆撃機をつくっていたが、世界初のジェット旅客機を開発し世界に市場を広げた。大手印刷会社は、現在、紙の印刷はわずかで大半は紙以外の分野、ＩＴ機器のプリント基板などに軸足を移している。

カラオケの第一興商は、夜の繁華街で音楽テープを売っていたが、通信事業者となって世界に「KARAOKE」を広げた。経営環境がビシビシガタガタと音を立てて「大変」している中では、イノベーションなき企業の持続的な成長は、日本にも世界にもあり得ないのだ。

INNOVATION

サスティナビリティとは道を踏み外さずに改善と革新を継続すること

改善とは緩やかな小変、革新は急激な大変である。

どちらの変化も企業が成長・発展を続けるための必須条件だ。企業が走り続けるということは変わり続けることでもある。したがって、変わらないというのは停滞を意味する。変わらない企業は変わり映えのない企業と化している。

ことほど左様に変化は重要なのだが、その一方で、みだりに変わってはいけないものもある。経営とは、変化と不変のバランスだ。変化を恐れては生き残れないが、変化にばかり目を奪われては道を踏み外す。

「世の中変わります。あなたは変われますか」

このコピーは、１９８８年に製薬会社エーザイの内藤晴夫社長（当時）が発表した「エーザイ・イノベーション宣言」の一節である。そこであなたに問いたい。「あなたは変われますか？」

変わり続けることは、企業が持続的に繁栄するために避けられない。では、道を誤らずに変わるためにはどうすればよいか。それは企業の志、理念を守ることだ。何のために企業があるのか、何を目的に企業は生きているのか。

その羅針盤が理念である。

企業のいかなる行動も、大本にある理念や大義に反することがあってはならない。変化を追うことは、闇雲に流行に流されることとは違う。経営には、変化に対応しつつ、大本を堅持する「不易流行」がなければならない。

それに沿って道を踏み外さずに、改善と革新を継続することであり、真のサステナビリティ（持続可能性）である。

使っても減らない「人」という経営資源

サステナビリティとは、社会インフラ的には化石燃料などの有限な資源利用から、太陽光や風力などの使っても減らない資源利用への移行のことを言う。

では、企業の経営資源で使っても減らないのは何だろうか。金と物、時間は使えば減価する。やり方によっては減価せずに増価するのは人の品質、情報の量と質、ブランド価値である。

ただし、人は使っても減らないが、育てなければならない。育てないと人も減価する。

情報は集める努力と活用する努力を怠ると入ってこなくなる。

ブランドは磨き続けないと劣化する。３つとも、まさに「日に新た。日に日に新た」である。

人も情報もブランドも、見かけは同じでも中身は常に変わり続けているのだ。

企業が発展・成長する過程では金や物は初期の重要資源である。企業の基盤が出来上がりサスティナビリティの段階に突入したときには、日本でも、欧米でも、古い言葉だが「企業は人なり」ということである。

優れた経営者ほど、物や金よりも人に重点を置くという共通的特性が顕著である。

20世紀最大の経営者として定評の高いＧＥ社（ゼネラル・エレクトロニクス）の元ＣＥＯ、ジャック・ウエルチは時間の80％は組織と人を中心に考えていたと自伝の中で述べている。

最も重要な資源は人だ。

人こそが企業のサステイナビリティを促進するのである。

〝A MAN OF INTEGRITY〟は最大の賛辞

INTEGRITY（高潔）

ピタッとはまった翻訳がしにくい英語に〝INTEGRITY〟がある。INTEGRITYとは究極の人間力である。正直とか、高潔とか誠実と訳されることが多いが、どうもしっくりしない。強いて言えば高潔が近いと思う。

〝A man（woman）of integrity〟、すなわち「高潔の人」と言われるのは、欧米では最高の誉め言葉だ。リーダーの人間力とは、畢竟INTEGRITY（高潔）であると言い換えることも可能である。リーダーに求められるスキル、革新力、創造力、実行力、先見力、決断力、説得力等はすべて高潔さという土台プラットフォームがあってその上に築かれるものだ。

高潔さなど理想論、企業経営は現実論でなければ、とてもやっていけないという経営者は多い。たしかに企業経営には、現実論で判断すべきことが多いのは事実だ。しかし、夢の実現や大きな目的に向かって進むときに、現実論だけでは早晩息切れしてしまう。

小手先の現実論で、夢や大きな目的を実現することは不可能だ。理想論で考えることが必要である。企業も、人も理想だけで大きな仕事を成し遂げることはできないが、反面理想がなければ大きな仕事はできない。一例として挙げると、1000以上のアメリカ企業の社員を対象としてアンケート調査を実施したところ、社員から経営者のＩＮＴＥＧＲＩＴＹ（高潔さ、誠実さ）が高いと評価されている企業ほど業績がよいということが統計的に証明されたという。〝高潔は最善の策〟(Integrity is best the policy.）なのである。

ＩＮＴＥＧＲＩＴＹの条件

では、具体的にどのような人が高潔な人〝A man（woman）of integrity〟なのだろうか。その条件は次の5つである。

1　言行にウラオモテがない（正直で誠実な）人

2　一貫性（右顧左眄《うこさべん》しない、ぶれない信念）のある人

3　信頼できて尊敬のできる人

4　あの人の後に付いていきたい、あの人のためなら、と思われる人

5　ゆるぎない信念と理想を持っている人

残念ながらこの5つすべてに当てはまるリーダーは、すくなくとも私の知る限り、現在の日本にはほとんど見られない。最も崩れやすいのは2の一貫性だ。社長就任時に3期務めたら退くと宣言した人が、4期も5期も務め晩節を汚すことがある。

周囲から「ぜひもっと続けてください」と言われ続けると、いつの間にか自分でも「そうかなあ」と思いはじめ、ついにはそれが当然と考えるようになるからだ。こうした緩みを防ぐために大事なのが、5のゆるぎない信念と理想である。

INTEGRITY

最後の人間力が試される権力の陥穽

企業のトップ、国家のトップは権力者であるとともに実力者でもある。実力に加えて運と縁に恵まれたから、現在の地位に上り詰めたのだ。したがってそれ相応の実績もある。いわばエリートと言ってもよい。そういう人は、周囲から尊敬や羨望の目で見られる。しかし、そこで有頂天になるようでは、それから先の成長は見込めない。

ここが第一関門である。

とはいえ小さな会社のトップであれ、大きな組織のトップに立つ人であれ第一関門で躓《つまず》くことは許されない。企業をさらに発展成長させる道筋をつけることができなければ社長失格である。つまり、企業をサステイナビリティ（持続可能性）の高い成長軌道に乗せることだ。

この第二関門は、本物の実力者にしか通過できない。

いずれの関門も、仕事力＋人間力が求められる。そして、後者の段階になればなるほど、通過が難しくなり、人間力のウエイトが高くなるということはすでに述べた。言葉を換えれば、高い人間力のあるトップは、すべからく第二関門の通過者と言える。

ここまで来れば、いわゆる「位人臣を極める」ということになる。人臣を極める人は心を得る人である。

では、ここで人間力も極まったかというと、そうはいかない。人は出処進退が大事だ。とりわけ進退は難しい。なぜならば、ここで最後の人間力が試されるからだ。

名経営者が退き際を誤る理由

過去に名経営者と言われながら、必ずしも退き際が鮮やかとは言えなかった人は多い。

彼らが、結局、晩節を汚してしまった理由は、一概に思い上がりとばかりは言えない側面もある。名経営者と言われた人々は、無論、例外なく自他ともに認める実力者である。周囲が、ときにカリスマと呼ぶとしても、それはお追従からではなく本心からだ。

　そういう実力、人間力を備えた人は、いかに大企業といえどもそう何人もいるわけではない。まして、社長という立場は、そこに立ってみなければわからないことが多いものだ。いかに優秀な人財であろうとも、社長を経験していない者と、現社長を比べればその差は歴然である。

　そうすると、社長本人は自分をカリスマなどとは思っていなくても、周囲を見ればたしかに自分に並ぶような人財はいない。そういう状況の中で、「社長しかいませんよ」と言われ続けると、人間とは弱く脆《もろ》い動物で、やがて自分でもそう思うようになりかねない。

退き際で人間力が試される

「社長しかいませんよ」という人の圧倒的多数は、本気、本音ではなく、お世辞やお追従で尻尾を振って付いてくる。

「あなたに限ります」と言われると、そのうち本当に自分はエライ人間、かけがえのない人間だと思うようになる。そこに執念や妄念が生まれる。多くの社員は陰では

「いい加減にやめろよ！」と声なき声で叫んでいる。

内心では、どこかで身を退こうと考えていても「まだまだ我が社には社長が必要です」と言われると、本来そう思いたいだけに判断が曇って退き際を失ってしまう。

組織のトップが最後に人間力を発揮する場面とは、身の退き際である。「有終の美」であり、「有醜の愚」ではない。

INTEGRITY

権力の限界

周囲から信頼され、尊敬される立派な人物でも、しょせん人間は人間である。ときには自分を見失うこともある。信頼、尊敬される人は、人を動かす人間力の豊かな人だ。しかし、その周囲からの信頼と尊敬が、ときに仇となることもある。信頼と尊敬は人間力にとって強力な武器となる一方で、自分に向かってくることもあるもろ刃の剣だ。

周囲からの信頼と尊敬は、それが篤ければ篤いほど、そのために自分自身が惑わされてしまう恐れがある。

つまり、自分は周囲から信頼され、尊敬されるべき有為な人間である。それだけの実力があるのだから、ちょっとのわがままなら許される、すこしくらいルールから外れても大目に見られてよいはずだ、役員報酬ももっと取っていいだろうなどとさもしいことを考えるようになる。

その結果として、人は自分自身を見失うのだ。自分を見失った人の行き先は、過信、慢心、傲慢である。傲慢の先には、破滅という化け物がパックリと口を開いて待ち構えている。過信は蹉跌《さてつ》の入り口、慢心は失敗への一里塚、傲慢は自らを破滅に転落させる自爆スイッチである。

すすんで諫言の士を求めよ

相当立派な人でも、長期にわたり権力を握り続けていけば必ず破綻する。

「権力は腐敗する。絶対権力は絶対腐敗する」（英国の歴史家アクトン）

社長が権力腐敗の陥穽《かんせい》に陥らないためには、どんなに周囲から信頼され、尊敬されていても、腐敗は必ずあるということを忘れないことだ。自分だけは例外と思う気持ちそのものが、腐敗の兆候と心得るべきである。

自分自身で自己を点検する自信のない人は、積極的に直言、苦言、諫言《かんげん》を聞き入れることだ。イエスマンやアップル・ポリッシャー（リンゴを磨く人＝ゴマすり）などの甘言の輩を退け、諫言の士を迎え入れるのである。

周囲から篤く信頼され、尊敬される人であればあるほど、直言、苦言、諫言の士を積極的に求め、側近に置くべきだ。

それが、人間力が誤った方向へ傾くことを防ぐ抑止力となる。

社長は〝耳に痛いこと〟を言ってくれる部下を重んじなければならない。

第10章

情熱
人望

▶社長の情熱は企業成功への1丁目1番地
▶徳は得を生む

LEADERSHIP

PASSION／情熱
POPULARITY／人望

PASSION（情熱）

情熱は成功の入り口

"It is better to burn out than to fade away."（消え去るより燃え尽きるほうがよい）という英語表現がある。幕末の志士、坂本龍馬は溝の中でも前のめりに死にたいと手紙に記していた。結果はどうであろうとも、完全燃焼でビジネス人生を送りたいと思うのは、すべての人に共通する思いだろう。人生を完全燃焼させるのに必要なのは情熱の炎である。燃えない炎は消えることがない。

企業経営者の根本条件である仕事力と人間力は、情熱という掛け算によって大きく変わる。

（仕事力＋人間力）×情熱、これに運が加わると結果は指数関数的に増大する。

日本電産の創業者永守《ながもり》重信氏は「能力5倍、情熱100倍」と言っている。社員100人がいたとすると、能力の高低の差は5倍程度だが、情熱の違いは実に100

倍の差があるということだ。情熱なき経営者は、ただちに退場すべきである。上が燃えていなくて下が燃えるはずがない。上が燃えていると、情熱の火は組織全体に伝導熱のように広がる。そこには燃える集団が生まれる。

情熱の5つの型

情熱には次の5つの型がある。

1　自燃型　自ら火をつけて燃えることができるタイプ。燃料豊富で発火点も低い

2　可燃型　自分からは燃えないが、人がマッチをすってくれれば燃えるというタイプ

3　不燃型　自分から燃えることもなく、人がマッチをすってくれても金輪際燃えないというタイプ

4　消火型　自分が燃えないばかりか、人の動機の炎を消して回るという困ったタイプ

5　点火型　自分が燃えるばかりでなく、人の動機の火を燃やすことのできるタイ

プ。

ビジネスの世界を含む人間の集団は自燃型が5〜10%、可燃型が80%以上、不燃型が2〜3%、点火型が5%程度、そして残念ながら消火型も1〜2%程度はいるというのが私の体験的実感である。社長やリーダーが、自燃型であり、加えて点火型でもあるべきなのは言うまでもない。

消火型とは、何らかの理由によって精神の健全性を喪失した困った人間である。若い社員がせっかくやる気になって仕事に取り組もうとしても、消火型の先輩が近くにいると、やってもムダ、やったところで評価されないなど後ろ向きのコメントばかりをぶつけ、若い人のやる気の火を消してしまう。

ふたつの不燃型

消火型と並んで問題なのが不燃型だ。

不燃型には2種類ある。生まれてこのかた、一度も燃えたことがないし、これからも金輪際燃えないという燃料不在タイプと、若い頃燃えたことはあるが、燃えて燃えて燃え尽きてしまって燃料が枯渇して生涯二度と燃えることがないというタイプである。いわゆる、燃え尽き症候群にかかった患者である。だが、この患者、救う手はない。〝どんなに水をやっても枯れた木には花は咲かない〟という枯れ木人間である。

リーダーの情熱は、強ければ強いほど点火力も強い。

トップの情熱の火が燃えていると、火は組織全体に伝わる。80％以上を占める可燃型人間の火を燃やす。その結果、職場全体が燃える集団となり、不燃型や消火型の及ぼす影響を限りなく激減させることが可能となる。

P A S S I O N

人は論理によって説得され、感情と勘定で動く

人は頭ではわかっていても、そのとおりに行動するとなるとなかなかできないことが多い。タバコが寿命を短縮するということはだれでも知っている。先年シンガポールの空港でタバコの売り場に掲げてあるポスターには〝Smoking Kills〟（喫煙は人を殺

す）と書いてあった。それでも多くの人はタバコをやめない。

私の知り合いの若い編集者は、身体に悪いとは思いつつずっと禁煙することができなかった。その彼が、ある日、子供から「パパ死んじゃうの？」と聞かれた。就学前の幼児だったが、周囲からタバコの害を聞いて、タバコを止めない自分の父親のことが心配になったのだろう。彼は、その翌日からぴたりとタバコを止めた。それから3年以上経つが、以来一本もタバコを吸っていないと言う。人を動かすのは論理ではない。感情である。

議論では完璧な論理で迫られ、反論の余地がなくなるとそこで勝負ありとなる。しかし、説得はされても納得しているわけではないので、そうおいそれと行動には結び付かない。人を動かすには利害得失という説得勘定が、人の心や、感情、またはその両方に訴えることである。相手の感情に訴える際に決め手となるのは、人間力と情熱である。情熱は、人間力を発揮するときの強力な動力源になる。

情熱の元は理念、信念にある

「能力は60点でええ。大事なのはヤル気だ」（松下幸之助）。情熱の温度が人を動かす力を倍増させる。では、情熱の熱源とは何か。それは、信念であり理念である。強い信念と正しい理念が熱く正しい情熱を生む。

理論は、それが信念や理念に反していても、それなりに相手を説得することはできる。だが、そこには相手の胸に訴えかけるような強い響きはない。ディベートという討論は、理論的な議論の闘いである。そのため、自身が主張する説は、内心では信じていなくても議論ができる。

しかし、信念や理念に反する主張には心がこもっていない。実体が空疎である。それでは人は動かせない。利害得失の勘定も、心がこもらないという点では同じことだ。情熱は、自分自身の強烈な信念や理念からしか生まれない。信じる強さが熱を生むのだ。その熱が情熱の炎となる。人は、その熱によって論理や勘定を超えて打たれるのだ。

したがって信念、理念のない者に人を動かすことはできない。

POPULARITY（人望）

ジョンソン・エンド・ジョンソンで見た入社試験と昇進昇格の相関関係

私は経営者時代、社員を採用するときには人柄を重視してきた。その方針は、いまでも正しかったと確信している。なぜならば事実の裏付けがあるからだ。

ジョンソン・エンド・ジョンソンで採用した新入社員を、その後十数年間追いかけ続けたところ、次のような結果が出た。

入社試験の筆記試験の結果と、入社後のその人物の昇進昇格の間には相関関係がない。筆記試験の点数は、概ね応募者の知識の程度を評価する。

その人物を採用するか否かの判断材料の一部にはなり得ても、その人の人間性や人間力の評価にはつながらない。

一方、入社試験の面接試験の結果と、入社後のその人物の昇進昇格には大いに関係があった。面接では主に人柄や人間性を見る。目に光があるか。声に張りがあるか。

考え方は前向きで肯定的か。何よりも、人柄が明るいか……。

筆記試験の出来栄えよりも人柄や人間性が、その人物の将来に大きく影響するという結果だったのである。

「経営とは人を通じて物事を成し遂げる業である」（ピーター・ドラッカー）という言葉が物語るとおり、人を通じて結果を出すことがリーダーの役割だ。

人を通じて結果を出すためには、人を動かさなければならない。人格や人柄のよさは人望の原点である。したがって、人柄のいい人が組織の中での昇進面で一歩リードするのは当然と言えよう。

アメリカの航空会社、サウスウエスト航空にも次のような言葉がある。

〝Hire for character. Train for skills.〟（採用は人格を見て行い、スキルは訓練で行う）。いかにスキル（仕事力）が高くても、人格が信頼するに足りないお粗末な人は絶対に採用しないという鉄則である。

私自身、仕事の実力と実績が高い（ように思われる）人を採用した結果、あとで痛い失敗をしたことが何度かある。

一流の人は顔で人を導く

人柄を見抜く上で、有力な手掛かりとなるのが顔である。手相を見るのと同様に、人相見という占い師もいる。ある程度、年齢を重ねればその人の人格は顔に表れる。

私は、手相や四柱推命などという代物はまったく信用しないが、人相は非常に重要視している。

奴隷解放に命を懸けて取り組んだのは、第16代アメリカ大統領リンカーンだ。繰り返しになるが、リンカーンは、「40歳を過ぎたら自分の顔に責任を持て」という言葉を遺している。

リンカーンが大統領に当選し、政府の要職、いわゆる閣僚の選考をしていたときのことだ。いろいろな人がそれぞれの関係者を推薦してきた。ある人が、「彼は非常に優秀である。彼を採用すれば必ずあなたの力となるはずだ」と40代の人物を強く推した。

リンカーンは推薦された人物を面接し、その結果、不採用とした。

その人物を推薦した人は、なぜ彼を採用しなかったのかと不満げに尋ねた。

リンカーンが「彼は顔が悪い。40歳を過ぎたら、人は自分の顔に責任を持たなければいけない」と言ったのはそのときである。

推薦者は、人を顔で判断するとはけしからんと思ったが、リンカーンの判断は正しかった。その後、推薦者がイチ押しだった人物は、政治生命を失うような不祥事を起こしたのである。

リンカーンは占い師ではない。しかし、人を見る目があった。

人の顔は骨格の造形で美醜が決まるが、リンカーンの言う顔の良し悪しとはそういうことではない。

人の顔ににじみ出る品性のことであり、燃え立つ情熱の光である。

一流の人の顔は、造形は人それぞれであるが、ひとりとして卑しい人相の人はいない。人柄がモロに顔に出るからだ。したがって、トップは「よい顔」をした人でなければならない。

政治家で言えば、トランプ大統領やプーチン大統領は、典型的に卑しくて下品な顔の持ち主である。

ある意味、多くの人は社長の顔に人柄や人格を感じて、社長を信頼し、その後をついていこうと考えるのである。

人望のある人は、顔で人を導くことができる人とも言える。

POPULARITY

人望は権力や権威からは生まれない

人間力イコール人気と考えている人が多いが、この考えは全くの間違いである。正しくは人望である。

人望は、人間力のもたらすものである。人望のある人とは、地位という権力の座についている場合が少なくない。しかし、真の人望とは地位や権力から生まれるものではない。

人望の発生源は人格（Character）である。

人望とは、優れた人格者に備わる能力だ。したがって、単なる「人のいい人」では人望のある人とはいえない。いい人とは、英語では〝Stupid〟とか〝Gullible〟という。〝Stupid〟とは愚鈍というような意味だ。愚鈍な人に人望が集まることはあり得ない。基本的な常識や見識に欠けている上に、簡単に人に騙される。

人格者とは「人柄のいい人」である。では、人柄のいい人とはどういう人か。

概ね、次の4つの「チョウ」を備えた人が人柄のいい人と言えるだろう。

1　人を尊重する人

2　人の話を積極的に傾聴する人

3　節度をわきまえた上での自己主張ができる人

4　周囲からほめそやされても己を律して自重する人

この4つの「チョウ」が備わった人のことを、昔の人は有徳の人と言った。「徳は才の主人、才は徳の奴隷」と言う。有徳の人とは「あの人のためなら」、「あの人の言うことなら」と、人びとを地位や権威に関係なく、利害得失に影響されることなく動かせる人だ。

「あの人のためなら」と人々が思う人には「為」がある。こういう人は有為《ゆうい》の人とも言う。

「あの人の言うことなら」と、周囲がひと肌もふた肌も脱ごうと、意気に感じてみんながら動き出す人には、「人」と「言」すなわち「信」がある。「信なくば立たず」とは論語にある言葉だ。

優れた人格者は、有徳の人であり、有為の人であり、信がある。つまり、人望の発生源とは、こうした様々な要素を備えた人格に他ならない。

優れた人格が神の見えざる手を動かす

『国富論』といえば、アダム・スミスが著した自由主義経済のバイブルのひとつである。

いわゆる市場主義経済を唱え、経済は政府の余計な介入や制限を加えなくても、自由な活動によって自然に不均衡が解消されるとした。この自然な不均衡の解消が、有名な「神の見えざる手」と言われるものだ。

経済活動による富は、神の見えざる手によって正しく分配されるのだから、市場の規制を排し、とことん儲けを追求してよいと、我々はアダム・スミスの『国富論』を捉えがちだ。

しかし、アダム・スミスにはもうひとつ『道徳感情論』という代表的な著作がある。

人の心の中には道徳心があり、この道徳心があるがゆえに、経済活動を市場に委ねたとしても、故意に富を独り占めすることはなく、力を背景に自分の富のみを増やすということもしない。そのため富は、国の隅々まで行き渡るということである。

つまり、神の見えざる手とは人の道徳心によって機能するのだ。

アダム・スミスは人の道徳心を信じていた。道徳心を信じていたから、市場を規制することなく自由な経済活動を行っても、それが富の不均衡を生むことはないとしたのである。彼はけっして放埒な経済活動を許したわけではない。

むしろ、彼はそうした利己的な経済活動を否定している。

アダム・スミスの理想から見れば、人格の卑しい人は市場に参加してはいけないのだ。それは企業経営でも同じである。

POPULARITY

人望とは〈人望＝仕事力＋実績＋人格〉の公式で表せる

再度強調するが、人望の根源は人格にある。しかし、人格イコール人望といかない。右の公式にあるように、人望を因数分解すると、仕事力、実績、人格の3つの要素に分かれる。たしかに優れた人格者と周囲から認められている人は、ほぼ例外なく人望のある人だ。だが、ここでちょっと立ち止まって考えてほしい。尊敬され、人望のある人が、ただ単に人格だけが素晴らしい人というケースはないはずである。周囲から尊敬されるような人望のある人には、仕事力（スキル）が高い上に、正しいプロセスを経た上で仕事力を発揮した結果としての実績が伴っているものだ。また、多くの一般的な人にとって、相手の人物そのものを見て評価を下すことは難しい。人物を正しく見抜くためには、こちらに高度な人間観察力が求められるからだ。多くの人は、目に見える仕事力や実績ばかりに注目する。

逆に人から評価される立場になったときも同様で、周囲の人は、残念ながら社長の内面の美醜までには目が届かない。〝see〟（外面を見ること）はできても〝see through〟（内面までを見通す）はできない。周囲の人が評価している人望とは、主に仕事力と実績、それに垣間見える社長の人格の総合計である。人を魅する「人望」には、人を惹きつける「人格」という要素が必要なのだ。

社員が社長を見る目は驚くほど正しく鋭い

実績とは仕事力を行動に移した結果である。仕事力とは結果の前提であり、裏付けである。このふたつは目に見える。よい行いは好評を博し、悪い行いは不評を買う。しかし、よい行いでも善意から生まれたものと、功利から企てたものがある。

〝It is much more important how to be good rather than how to do good.〟

右の英文は、いかに善をなすかよりも、いかに善であるかのほうがより大事だという、経済学者のジョン・メイナード・ケインズの言葉である。善であることは、周囲の人にはなかなか理解され難い。だが、本心が善ではない行動というのは、それが外形上はどんなに善行であろうとも、必ず見透かされる。

特に社長の場合、社員は驚くほど正確に、深く、時には意地悪い目で、細部に至るまで社長のことを見ている。

目に見えるところだけを繕っても、必ず見透かされる。したがって、人望を得るためには、仕事と実績の基盤に人間力がどんと備わっていなければならないのである。

POPULARITY

経営者はAWE〈畏敬される人〉であれ

功利から出てきた善行、たとえば食事をごちそうするとか、ゴルフに招待するというような行為でも人々の歓心を買うことはできる。だが、こうした行為から得られるのは「人気」である。

社長は人気者である必要は、まったくない。

社長の人望とは、社員にサービスしたり、媚びを売るだけでは得られない。社長には、ときに厳しい決断を下す、あるいは社員の誤った行動を毅然として許して正《ただ》すという厳しさが必要となる。「優しく冷たい」という人と「厳しく優しい」という人がいる。前者は、社員に対して優しいが「この男（女）を一人前に育てよう」という思いがない。うわべだけの優しさである。後者は社員に対して厳しく、時には叱りつけることもあるが、「こいつに同じ失敗を二度と繰り返してほしくない」「こいつに立派な人間になってほしい」という愛がある。

人望のある人とは、春風駘蕩だけではなく秋霜烈日も備えた人だ。

したがって、社長とはＡＷＥ、すなわち畏れ敬われる人でなければならない。信頼と尊敬、それにさらに畏敬が加わるのがトップの人間力の条件である。人気者では周囲から好かれはしても、敬われることはない。

人気者では役不足なのである。せいぜい庶務課長あたりが適役である。

人間学を修めるために必須な人間愛

本書の根幹は人間学にある。経営とは、仕事力という基本に加えて、人間学を追求することに他ならないからだ。

人間を学ぶとは、人間のよい面、悪い面を両方学ばなければならない。よい面とは強い面でもあり、悪い面とは弱い面でもある。人間はよいだけの人はいないし、とことん徹底して悪一色という人もいない。

強さの中に弱さを隠し持っているし、弱さの反動として対外的に強面《こわもて》に出てくることもある。頑固さとは、ときに不安が原因のこともあり、私利を追求する人は、心から満たされることがない人でもある。

人間を学ぶには、勝ち組だけを見ていてもわからない。自分より劣る人としか付き合わないのも間違いだ。広く人に接することが学びの基本であり極意である。

しかし、いずれの場合でも共通することはある。それは人を学ぶとは、その好悪《こうお》両面を受け入れる態度だ。この態度のことを愛という。人を学び、人を深く理解するには、人を受け入れ、包み込む大きな人間愛が必要なのである。

まとめとして――人間学を学ぶ心得

○自分より優れた人と付き合う。「ダイヤモンドはダイヤモンドで磨かれ、人は人により磨かれる」
○一方、自分より劣る人からも何かを学ぶという心の広がり（度量）を大切にする
○見返りを求めてはいけない……たとえ裏切られてもそれは貴重な教訓。ギブ（GIVE）したあとの結果としてのギブン（GIVEN）は神様が決めてくれる
○無用、無益を軽んずるな……有用の学（経営書、実務書）に加え無用の学（歴史、文学、四書五経等）も学び教養を身に付けよう
○人の話は積極的に傾聴……耳を傾ける人には福音がある
○直言、苦言、諫言は歓迎せよ……直言、苦言、諫言は神の救いの声
○人間愛を失うな……お客さま、社員、社員の家族、取引先、会社、社会、世界に対する愛
○やってはいけない愛……狎れあい、もたれあい、だましあい
○やったほうがよい愛……喜びあい、励ましあい、分かちあい

〈著者略歴〉

新将命（あたらし・まさみ）
1936年東京生まれ。早稲田大学卒。株式会社国際ビジネスブレイン代表取締役社長。
シェル石油、日本コカ・コーラ、ジョンソン・エンド・ジョンソン、フィリップなど、グローバル・エクセレント・カンパニー6社で社長職を3社、副社長職を1社経験。2003年から2011年3月まで住友商事株式会社のアドバイザリー・ボード・メンバーを務める。「経営のプロフェッショナル」として50年以上にわたり、日本、ヨーロッパ、アメリカの企業の第一線に携わり、今も尚、様々な会社のアドバイザーや経営者のメンターを務めながら長年の経験と実績をベースに、講演や企業研修、執筆活動を通じて国内外で「リーダー人財育成」の使命に取り組んでいる。著書に『経営の教科書』『リーダーの教科書』『王道経営』（いずれもダイヤモンド社）『最強のリーダー力』（日本文芸社）『信じる力』（東洋経済新報社）などがある。
メールアドレス：atarashi-m@sepia.plala.or.jp

新将命《あたらしまさみ》の社長の教科書

平成三十年七月二十五日第一刷発行

著　者　新将命
発行者　藤尾秀昭
発行所　致知出版社
〒150-0001 東京都渋谷区神宮前四の二十四の九
TEL（〇三）三七九六―二一一一
印刷　㈱ディグ　製本　難波製本

落丁・乱丁はお取替え致します。（検印廃止）

ISBN978-4-8009-1182-7 C0034
ホームページ　http://www.chichi.co.jp
Eメール　books@chichi.co.jp